Formaggi d'Italia

Formaggi d'Italia

200 klassische Käsesorten aus Italien

Slow Food Editore

Hallwag Verlag Bern und München

Die Originalausgabe ist unter dem Titel *Formaggi d'Italia* bei
Slow Food Editore, Bra (Italien), erschienen.

Deutsche Übersetzung: Claudine Didier und Karin Romagna, Heidelberg
Fachlektorat: Regine Ermert, Köln
Redaktion der deutschen Ausgabe: Ralph Henry Fischer, Köln
Satz: Birgit Beyer, Köln

Umschlagbild: Erika Casparek-Türkkan
Umschlaggestaltung: Robert Buchmüller
Druck und Bindung: Sigloch, Blaufelden

ISBN: 3-7742-5301-3

Hallwag

Inhalt

Zum Geleit

Ein halbiertes Kulturerbe

In diesem Buch werden nicht weniger als 200 traditionelle italienische Käsesorten beschrieben und mit Texten und Abbildungen dokumentiert. Es war nicht leicht, die entsprechenden Informationen zusammenzutragen und die verschiedenen Käse ausfindig zu machen, um sie zu fotografieren.

«Nur zweihundert?», wird freilich der gut unterrichtete Käsepatriot fragen, der wie die meisten Kenner davon ausgeht, dass es in Italien mehr als 400 verschiedene Käse gibt. Und wenn wir die 1991 erschienene Neuauflage des von Corrado Barberis und Graziella Picchi herausgegebenen «Atlas der typischen Produkte: Käse»* zur Hand nehmen – ein Buch, das Maßstäbe für die Bestandsaufnahme der traditionellen italienischen Käsesorten setzte –, dann erfahren wir, dass zu Beginn der 1990er Jahre in Italien tatsächlich über 400 Käsesorten erhältlich waren. Selbst wenn die sich seit einigen Jahren verschärfenden Qualitätsnormen zweifellos zum Verschwinden einiger kleiner, lokaler Handwerksbetriebe beigetragen haben, so erscheint es dennoch kaum denkbar, dass sich die Zahl der italienischen Käsesorten innerhalb von acht Jahren halbiert hat!

Darwinistisch gesprochen, sind die aktuellen Käsesorten eines Landes das Ergebnis einer unerbittlichen natürlichen und ökonomischen Auslese. Im Laufe der Jahrhunderte konnten sich nur die besten, beliebtesten, einträglichsten Käse durchsetzen, auch solche, die die Vorzüge einer bestimmten Milchviehrasse oder einer bestimmten Landschaft optimal zu nutzen verstanden – von einer sicherlich gewaltigen Anzahl haben so ohnehin nur wenige bis heute überdauert. Seit jedoch der weltweite Markt die überkommenen Konsumgewohnheiten drastisch verändert hat, befinden sich auch diese auserlesenen Lebensmittel, Produkte eines jahrtausendealten Handwerks, in der Krise. Der größte Teil der traditionellen Käsesorten aus den Berg- oder Randregionen wird zumeist von kleinen Familienbetrieben, unter bisweilen unorthodoxen hygienischen Bedingungen und in sehr kleinen Mengen hergestellt. Die internationalen Lebensmittelkonzerne verlangen jedoch große Stückzahlen, wettbewerbsfähige Preise, eine kontinuierliche Produktion und einheitliche gesundheitliche Sicherheitsstandards. Die Europäische

* Im Auftrag des Nationalen Instituts für Agrarsoziologie (INSOR)

Union kommt diesen Anforderungen mit zahlreichen Auflagen und Gesetzen entgegen, ergänzt durch etliche nationale und internationale Bestimmungen. Aber auch der Verbraucher unterstützt diese Tendenz. Er wendet sich immer mehr von regionaltypischen Produkten ab und lässt sich vom nivellierten Angebot der Kühlregale in den Supermärkten verlocken. Dort greift er zunehmend zu geruch- und geschmacklosen Käsesorten, die aus pasteurisierter Milch hergestellt werden, und das von Maschinen, die ebenso gut Bolzen produzieren könnten.

Solche Käse haben wir in diesem Buch schlicht ignoriert. Hätten wir sie mit berücksichtigt, wäre die legendäre Zahl 400 schnell überschritten gewesen. Wir wollten aber keine vollständige Liste aller italienischen Käsesorten erstellen, sondern den im Schwinden begriffenen wahren Käsereichtum Italiens dokumentieren und damit vielleicht ein wenig zu seiner Rettung beitragen. Er besteht heute aus jenen traditionellen, handwerklich produzierten Käsesorten, die Sie auf den folgenden Seiten beschrieben finden, zuzüglich einiger weniger anderer, die sich entweder nur im Namen bzw. durch eine minimale Abweichung von den hier erwähnten unterscheiden oder die schlicht nicht auffindbar waren – sei es, weil sie von Herstellern produziert werden, die keinerlei Interesse an einer Vermarktung haben, sei es, weil es sich um Sorten handelt, die nur zu bestimmten Jahreszeiten erhältlich sind, ganz zu schweigen von diesem oder jenem Käse, der seine ursprüngliche Identität einbüßte, weil er längst den Erfordernissen des Marktes angepasst wurde.

Viele italienische Käse sind erst in jüngster Zeit verschwunden. Dazu gehört beispielsweise der Montebore dei Colli Tortonesi, ein Käse, der in der Fachliteratur immer wieder zitiert, aber seit Jahren nicht mehr hergestellt wird. Ebenso sind der Solandro aus dem Trentino, der Slattato aus den Marken, der Granone aus Lodi, der Caprino del Farfa aus dem Latium, der Cacio peruto aus Kampanien, der Caprino di Farindola aus dem Molise, der Pecorino di Zaccuni und der Padraccio aus der Basilikata, der Marciano aus Kalabrien und der Calcagno aus Sizilien nicht mehr erhältlich. Und diese Aufzählung ließe sich fortsetzen. Viele Kleinproduzenten, vor allem in Süditalien, tun sich schwer damit, ihre Ware zu vermarkten und abzusetzen. Obwohl etwa der «Salone del Gusto» in Turin*

* «Salon des guten Geschmacks» – von dem Verlag Slow Food veranstaltete Turiner Messe, auf der traditionelle Lebensmittel von besonderer Qualität aus der ganzen Welt präsentiert werden.

gezeigt hat, dass Qualität durchaus nicht auf eine Marktnische beschränkt sein muss, sind die Schwierigkeiten mancher Produzenten, ihre Waren bekannt zu machen und zu bezahlbaren Preisen anzubieten, erheblich. Von gelegentlichen öffentlichkeitswirksamen Veranstaltungen wie dem «Salone» kann niemand auf Dauer leben. Hier ist vielmehr der Verbraucher gefordert: Man muss ihn dazu bringen, seine Trägheit zu überwinden, die ihn dazu verleitet, zu den nächstliegenden, aber minderwertigen Produkten zu greifen, obschon es vielleicht nur wenige Kilometer entfernt einen Schafhirten gibt, der noch den herrlichsten Pecorino herstellt. Neugier und Mut also sind gefragt. Womöglich ist der Feinkosthändler an der nächsten Ecke selbst ein Käsefreund und lässt sich dazu bewegen, die eine oder andere Sorte in sein Sortiment zu nehmen. Und vielleicht sollte man es wagen, von der gehobenen Gastronomie ein anspruchsvolles Käseangebot zu verlangen, um die Bekanntheit und die Chancen traditioneller Käsesorten zu fördern.

Aber – so die letzte Frage – lohnt sich dieser ganze Aufwand überhaupt, zumal der handwerklich hergestellte Käse auch noch teurer ist? Wir sind überzeugt: Er lohnt sich allemal. Sie brauchen nur einmal einen industriell gefertigten Käse mit einem desselben Typs zu vergleichen, den ein erfahrener Handwerker aus der Rohmilch einer lokalen Tierrasse nach alter Tradition hergestellt hat – auch wenn Sie kein Kenner oder Fachmann sind, wird Sie der Unterschied, den Sie mit allen Sinnen wahrnehmen können, sofort überzeugen. Man kann es auch so formulieren: Sobald Sie ein wenig darauf achten, was Sie essen, werden Sie feststellen, dass zwei Konsumwelten nebeneinander existieren: eine, in der Sie nichts als ein Marktobjekt sind, und eine andere, die von Ihnen etwas Bildung, Respekt und Herz verlangt, um Ihnen im Gegenzug große Freude und erlesenen Genuss schenken zu können.

Piero Sardo
Slow Food

Auf der Suche nach der Vielfalt

Dass die Apennin-Halbinsel mit (noch immer) erstaunlich vielen Käsesorten aufwarten kann, hat zum einen historische Gründe: Italien war lange in hunderte Gemeinden und fast ebenso viele Stadtstaaten zersplittert. Zudem ist es ein auch landschaftlich äußerst vielfältiges, abwechslungsreiches Land.
Bekanntlich aber beeinflusst das Ursprungsgebiet eines Käses seine Charakteristika und die Sinneseindrücke, die er vermittelt, in großem Maß. Im kühleren Norden Italiens entstand so eine breite Palette von Weich- und Schnittkäsesorten, während man im Süden Käse entwickelte, die auch in heißem Klima haltbar sind: Knetkäse und Ricotta.
Doch verbirgt sich hinter der reinen Zahl der produzierten Käsesorten eine weiterreichende Diversifizierung, die den eigentlichen Reichtum dieses Kulturerbes ausmacht. Ein Caciocavallo Podolico etwa, der aus der Milch von Kühen hergestellt wird, die auf den feuchten und von einer mannigfaltigen Flora geprägten Weiden der Hochebenen grasen, entwickelt ein überaus harmonisches, delikates und komplexes Aroma. Jene Kühe dagegen, die in den von Carlo Levi* so trefflich beschriebenen, sonnenverwöhnten Schluchten Lukaniens weiden, liefern einen Käse mit ausgeprägter Persönlichkeit und einem begrenzten, jedoch charakteristischen Aromenspektrum. Werden die Tiere im Stall gehalten, schwächt sich dieses Aroma zwangsläufig ab und verändert sich.
Wissenschaftliche Untersuchungen haben gezeigt, dass das Futter der Tiere nicht nur die Sinneseindrücke, die ein Käse vermittelt (Geschmack, Geruch, Aussehen, Konsistenz), sondern auch seinen Nährwert erheblich beeinflusst. So enthält ein Käse aus der Milch von frei gehaltenen Kühen einen größeren Anteil an Linolsäure und weist ein höheres Antioxidationsvermögen auf als ein vergleichbarer Käse, der von in Ställen gehaltenen Tieren stammt. Ausschlaggebend für den wesentlichen Unterschied zwischen diesem und jenem Käse ist natürlich auch die Rasse des Milchviehs, deren Besonderheiten sich auf die Qualitäten des Käseteigs auswirken. Und ebenso tragen die Enzyme des Labs, das die Fettspaltung und

* Italienischer Schriftsteller, Arzt und Maler (1902–1975), der wegen seiner antifaschistischen Haltung 1935 nach Lukanien (früherer Name der Provinz Basilikata) verbannt wurde. Seine Erfahrungen dort fanden Einlass in sein Hauptwerk, den Roman «Cristo si è fermato a Eboli», deutsch: «Christus kam bis Eboli» (1945).

die Eiweißspaltung der Milch auslöst, sowie die natürlichen Reiferäume, die die Bedingungen der speziellen Mikroflora schaffen, dazu bei, dass (im besten Fall) jeder Käse schlicht unverwechselbar ist. Sie sehen: ein weites Feld ...

Der vorliegende Käseführer bietet Ihnen eine Fülle von Orientierungshilfen, um sich in dem breiten Angebot italienischer Käsesorten zurecht zu finden. Und wenn Sie schließlich mit den Grundbegriffen und Typologien vertraut sind, können Sie sich gut ausgerüstet auf die Suche nach der Vielfalt begeben, von der jede Kultur, auch die des Käses, lebt.

Roberto Rubino
Anfosc (italienische Gesellschaft «Käse unter dem Himmel»)

Handwerkliche Herstellung

In dieser Bildsequenz sind die einzelnen Herstellungsstufen einer **Raschera quadrata di alpeggio** vom Zeitpunkt des Bruchschneidens an dargestellt. Dem Zerschneiden gingen bereits folgende Schritte voraus: das Einfüllen der frisch gemolkenen Rohmilch, das Hinzufügen des flüssigen Kälberlabs, das Abdecken des Behälters mit einem Wolltuch sowie die Gerinnung – sie wären aber in der bildlichen Darstellung wenig aussagekäftig.
Dem Ablauf entsprechend sind hier zu sehen: • das kräftige Schlagen mit dem Rührwerkzeug • das Einfüllen des Käsebruchs in einen mit einem han-

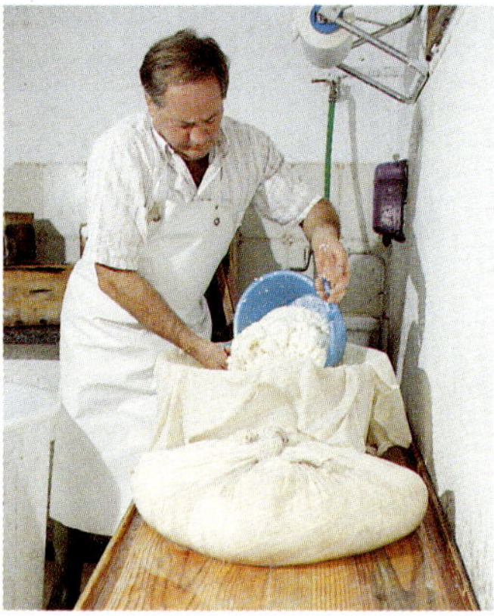

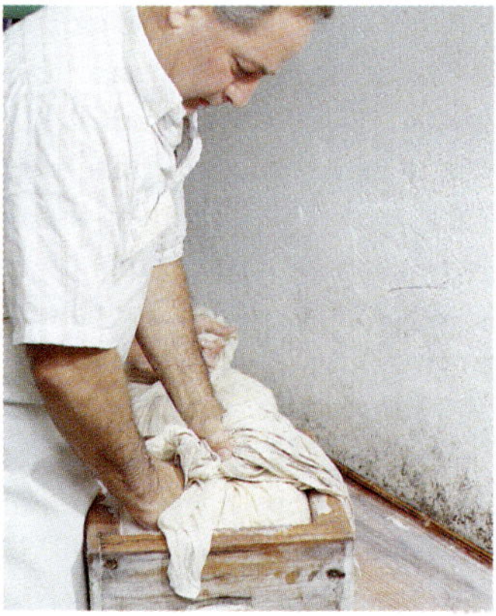

fenen Käsetuch ausgelegten Behälter • das Kneten der Käsemasse von Hand • den in ein Tuch gefüllten Teig • das erste, etwa zehnminütige Auspressen der Käsemasse im Tuch von Hand auf einem Holzbrett mit Ablaufrinne • das Einlegen des Bündels in die bodenlose quadratische Holzform • die Auspressphase, in der der Bruch fünf Tage lang mit Steinen beschwert wird • und schließlich den eben aus der Form herausgelösten Käse.
Sämtliche Verfahrensschritte werden ohne Ausnahme in Handarbeit vollzogen; das handwerkliche Können des Käsers spielt also noch immer eine entscheidende Rolle. Die Herstellung erfolgt zudem in zwar rustikalen, aber offensichtlich optimal ausgestatteten Räumen unter sorgfältiger Beachtung hoher Hygienestandards. Handarbeit schließt also hygienische Sicherheit keineswegs aus.

Industrielle Produktion

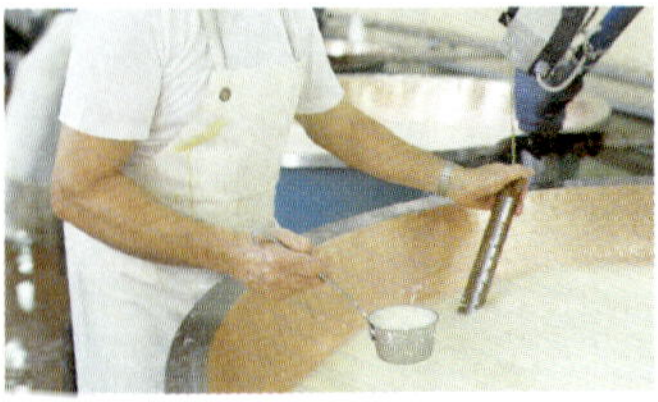

Auch wenn der prestigeträchtige **Parmigiano Reggiano** jährlich millionenfach aus einem wahren Meer von Milch produziert wird, ist dieser weltbekannte Parmesan in gewisser Hinsicht kein industriell hergestellter Käse, wird er doch ausschließlich in etwa 600 kleinen Handwerksbetrieben gefertigt, die sich durch vielerlei Varianten bei der Herstellung unterscheiden. Trotzdem gibt die Bildfolge auf diesen beiden Seiten beispielhaft eine rationalisierte Käseerzeugungsmethode wieder, die auf moderne Technik und strenge Hygienestandards setzt – ein Konzept, das sich grundlegend von jenen Verfahren unterscheidet, die im Handwerksbetrieb oder in der Sennerei angewandt werden, aber dennoch in der Lage ist, die traditionellen Eigenschaften des Produktes zu bewahren. Auf dem ersten Bild sind die riesigen

Wannen zu sehen, in denen die Milch ruht, bis sich das Fett absetzt. Es folgen • die großen Kessel, in denen die Gerinnung und die Bearbeitung der Molke stattfinden • die Trennung von Bruch und Molke • schließlich der «Personalausweis» des Käses: die Hüttennummer, der Stempel der Genossenschaft sowie das Herstellungsdatum auf der Rinde. Der letzte Arbeitsschritt ist das Salzen.

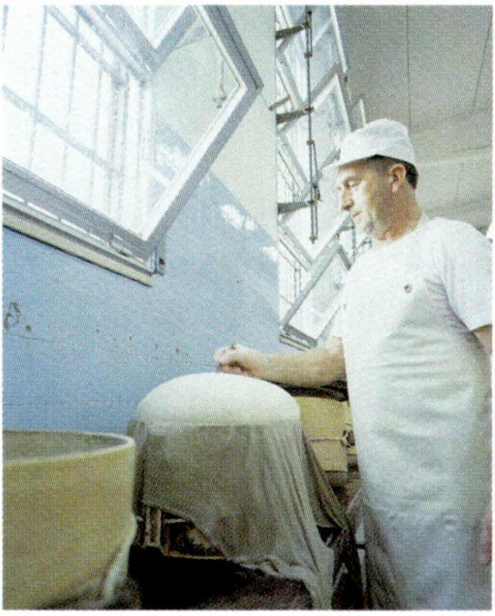

Reifung

Die Reifung beginnt in jenem Augenblick, in dem an die Stelle der Wärme die Kälte und an die Stelle der Trockenheit die Feuchtigkeit tritt. Die Wärme bewirkt bei der Milch die Gerinnung und die Abscheidung der Molke, also die Verkäsung. Niedrige Temperaturen und eine gewisse Luftfeuchtigkeit hingegen fördern die Aktivitäten von Mikroben und Enzymen, die die Eigenschaften eines Käses prägen.

Reifung bzw. Affinage (Käsepflege) unterstützen die Gärung und lösen die Spaltung der Eiweiße (Proteolyse) sowie der Fette (Lipolyse) aus. Diese mikrobiellen und enzymatischen Prozesse bestimmen von Grund auf den organoleptischen Charakter des Käses – Geruch, Geschmack, Konsistenz, Verdaulichkeit sowie seine innere und äußere Erscheinung. Erst die aktiv begleitete Reifung lässt also die beeindruckende Vielfalt der Käseprodukte entstehen. Die Bildfolge auf diesen beiden Seiten zeigt sehr unterschiedliche Affinage-Räume. Einerseits sind «natürliche» Reiferäume zu sehen, deren Eigenklima die mikrobiellen und enzymatischen Prozesse spontan auslöst; Feuchtigkeit und Temperatur sind hier vorgegebene Faktoren. Für die traditionelle Reifung werden seit jeher Keller, Höhlen und unterirdische Gänge genutzt, denn dort existiert eine spezielle Mikroflora, die perfekt mit den chemisch-physikalischen Eigenschaften eines bestimmten Käses interagiert. Auf der anderen Seite bietet die moderne Technik die Möglichkeit, ideale Reiferäume künstlich nachzubilden, in denen aber die chemischen Prozesse kontrolliert vonstatten gehen und der Affineur den Reifeprozess weitaus nachhaltiger beeinflussen kann.

Vom richtigen Umgang mit Käse

1. Käse kaufen

Nehmen wir an, Sie wollen Ihre abendlichen Gäste mit einer ganz besonderen italienischen Käseplatte überraschen. Wie gehen Sie am besten vor? Die wichtigste Voraussetzung ist natürlich, dass es in Ihrer Stadt einen Käsehändler mit einem ausgesuchten Warenangebot gibt. Das ist nicht unbedingt eine Selbstverständlichkeit. Käsefachgeschäfte, die früher eine breite Palette hochwertiger Käsesorten anbieten konnten, durchleben heute schwierige Zeiten: Da sie sich in ihrer Existenz von den großen Lebensmittelkonzernen bedroht sehen, müssen sie ihr Angebot früher oder später an das der Supermärkte anpassen. Und in den großen Filialketten dominiert heute der industriell gefertigte Käse – ein paar gängige Markennamen decken den gesamten Massenkonsum ab. Da erübrigt es sich, den Kunden näher zu informieren und zu beraten, geschwei-

Zwei spezielle Messer zum Schneiden von Grana. Das Kerbmesser (rechts) dient zum Einkerben der Rinde, das tropfenförmige Messer (links) wird zum Aufschneiden und Portionieren des Käselaibs verwendet.

ge denn, ihn gar für ein unüblicheres, qualitativ höherwertiges Produkt gewinnen zu wollen.
Unter dieser Voraussetzung ist es für den privaten Verbraucher nahezu unmöglich, eine opulente Platte mit auserlesenen Käsen zusammenzustellen. Dagegen hat die Gastronomie immer noch Möglichkeiten, entsprechende Bezugsquellen zu erschließen und Grossisten zu finden, die ein breites Sortiment bereithalten.
Italien zählt zwar zu den wichtigsten Käseerzeugern, aber der Verbrauch ist hier im internationalen Vergleich nur durchschnittlich hoch. Die Italiener essen etwa 16 Kilogramm Käse pro Kopf und Jahr, weltweit führend sind jedoch, noch vor den Franzosen mit 23 Kilogramm, die Griechen mit 24 Kilogramm. Zudem sind die Italiener beim Käseverzehr eher konservativ, denn sie konsumieren zum allergrößten Teil heimischen Käse, hauptsächlich aus lokaler Produktion. Das führt dazu, dass ausländischer Käse fast ausschließlich aus industrieller Herstellung in die italienischen Läden kommt.
Aber zurück zu Ihrer Käseplatte. Sie werden sich also, das steht fest, mit einer relativ beschränkten Auswahl begnügen müssen. Die wichtigste Regel lautet: Frischkäse gehört nicht auf eine klassische italienische Käseplatte! Geduldete Ausnahme: eine Ricotta aus Büf-

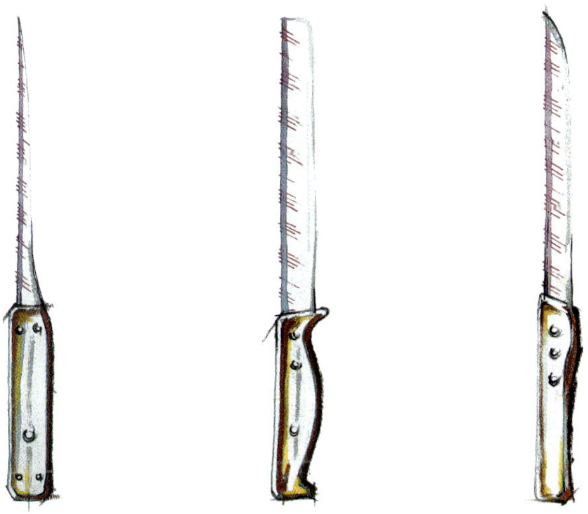

Diese sehr scharfen Messer sind vor allem zum Schneiden von weichem und cremigem Käse geeignet, da sie dem Käseteig den geringstmöglichen Widerstand entgegen setzen.

fel- oder Schafsmilch, vorausgesetzt, Sie können sie am gleichen Tag frisch beim Hersteller einkaufen und servieren sie auf ganz besondere Weise, nämlich überbacken und gewürzt. Auch Mozzarella ist für die Käseplatte ungeeignet: Sie ist zu feucht und lässt sich nicht gut schneiden. Wenn Sie eine besonders gute Mozzarella (unbedingt aus Büffelmilch!) zur Verfügung haben, richten Sie sie bei einer anderen Gelegenheit mit Tomaten an.

Fünf verschiedene Käsesorten sind für Ihre Platte ausreichend; wenn möglich, sollten Sie je ein oder zwei Schafs- und Ziegenkäse anbieten, jedoch Sorten mit Kräutern, Paprika, Walnüssen, Gewürzen usw. meiden.

Wirklich «große» italienische Käse werden ohne weitere Beigaben serviert. Allerhöchstens ist gestattet, die reiferen Sorten mit bitterem Honig, die pikanten dagegen mit *Cognà* (einer Art Konfitüre aus Äpfeln, Birnen, Trauben, Walnüssen und Zimt) oder auch mit gewürfelten Birnenstückchen anzurichten. Ordnen Sie die verschiedenen Käsesorten auf der Servierplatte im Uhrzeigersinn von der frischesten ausgehend an und legen Sie für jede Sorte ein Messer bereit, damit sich Ihre Gäste selbst bedienen können. Die Reihenfolge der Käse muss sich nicht an den Milchsorten orientieren, sie bleibt Ihren individuellen Vorlieben überlassen; mancher Kenner sortiert nach den unterschiedlichen Reifegraden. Wenn Sie sie nicht kennen, probieren Sie jeden Käse und servieren Sie den mildesten zuerst, den kräftigsten zuletzt. Der letzte sollte stets ein Edelpilzkäse sein (etwa Gorgonzola naturale, Roquefort, Stilton).

Nutzen Sie jede Gelegenheit, Käse in Frankreich einzukaufen – Italien kann 30 Sorten mit geschützter Ursprungsbezeichnung aufweisen, Frankreich derer 37. Die beste Qualität ist auf dem Etikett als *fermier* und/oder *au lait cru* vermerkt; dabei handelt es sich um Käse aus nicht pasteurisierter Milch. Lassen Sie sich bei frischem Käse gründlich beraten, die französischen Affineurs sind in der Regel äußerst kompetent. Nicht uninteressant ist auch, dass in Deutschland, den Niederlanden, Dänemark, Belgien und Österreich 99 Prozent des Käses aus industrieller Produktion stammen, während es in Großbritannien erstaunlicherweise noch einige gute kleine Käsereien gibt. Griechenland kann mit insgesamt 20 Feta-Sorten mit geschützter Ursprungsbezeichnung aufwarten – allerdings werden die meisten davon auf abgelegenen Inseln in nur kleinen Mengen hergestellt und sind folglich schwer erhältlich. Auch Portugal und Spanien produzieren bemerkenswerte Käse, letzteres vor allem ausgezeichnete Schafskäse, doch werden sie nur in sehr geringem Maße in andere EU Länder exportiert.

2. Käse probieren

Wie probiert man einen Käse? Kann man dafür ähnliche Verkostungsmethoden anwenden, wie sie bei der Weinprobe üblich sind, also neutrale Präsentation, blinde Verkostung und anschließende Bewertung aufgrund von Aussehen, Geruch und Geschmack? Im Sinne Radio Eriwans lautet die Antwort: im Prinzip ja, wenngleich mit gewissen Unterschieden und unter speziellen Schwierigkeiten. Eigentlich wird der Begriff «Verkostung» nur für diejenigen Verfahren verwendet, von denen man sich professionelle oder quasiprofessionelle Ergebnisse verspricht. Das Ziel solch einer sensorischen Prüfung liegt darin, sich derart vertiefte Kenntnisse über ein Lebensmittelprodukt anzueignen, dass man dessen Eigenschaften anschließend so genau wie möglich beschreiben kann. Je mehr Informationen man sich verschafft, umso exakter wird man das Produkt auch definieren können. Wenn man auf die Frage «Wie schmeckt denn dieser Käse?» schlicht mit «gut» antwortet, gibt man nicht mehr als ein pauschales Güteurteil ab. Vermag man dagegen auch die Farbe der Rinde, die Konsistenz des Teigs, die Intensität des Rand- und Teigaromas sowie deren Wirkung auf den Gaumen bis hin zum Nachgeschmack zu beschreiben, liefert man so viele Informationen, dass ein anderer diesen Käse beim Probieren wiedererkennen oder ihn zumindest von anderen Sorten unterscheiden kann – und das selbst ohne Kenntnis des Namens oder der verwendeten Milchsorte. Natürlich muss man zu Hause oder im Restaurant nicht mit der gleichen Leidenschaft für eine organoleptische Analyse ans Werk gehen. Andererseits kann man aber rasch die Erfahrung machen, dass, wie bei einer Weinverkostung, die Freude an diesem Nahrungsmittel wächst, je besser man es kennt. Vor allem aber verschafft man sich ein Instrumentarium, um schlechte, verfälschte oder schlicht wertlose Käse rechtzeitig zu erkennen.

Prüfungskriterien

Das Interesse an Theorie und Praxis organoleptischer Käseverkostungen ist relativ jung. In Frankreich wurden bereits in der frühen Nachkriegszeit entsprechende Schritte unternommen; in Italien jedoch führte man erste Kostproben dieser Art erst 1989 durch, als die Nationale Organisation der Käseprüfer (ONAF – Organizzazione nazionale assaggiatori di formaggio) gegründet wurde. Zwar hatten die jeweiligen Schutzverbände schon zuvor bestimmte Geschmackskategorien für die ihrer Kontrolle unterstehenden Pro-

dukte entwickelt, um deren Eignung für den Verkauf zu testen, aber die angewandten Kriterien waren wenig umfassend: Sie dienten vor allem dazu, offensichtliche Mängel auszuschließen und die Einhaltung der vorgeschriebenen Standards zu kontrollieren. Eine wirkliche Verkostung dagegen bemüht sich, die spezifischen organoleptischen Eigenschaften eines besonderen Probestücks in einem ganz bestimmten Augenblick herauszustellen. Und wenn auch in der Regel rasch Einigkeit herzustellen ist, was die so genannten primären Ordnungskriterien angeht – Aussehen, Geschmack, Geruch, Typ –, weitaus komplizierter geht es zu, sobald die sekundären Prüfungskriterien – Konsistenz, Struktur, Lochung, Fettigkeit des Teigs, Gesamtharmonie, Nachgeschmack usw. – zum Tragen kommen. Das ist nicht zuletzt auch ein sprachliches Problem, denn es fehlt ein gemeinsamer verbindlicher Wortschatz, um bestimmte sinnliche Aspekte eines Nahrungsmittels eindeutig darzustellen.
Vor einigen Jahren beauftragte die Käserei Occelli in Farigliano den Käsefachmann Marco Guarnaschelli Gotti damit, eine Arbeitsgruppe zu bilden, die ein Käseglossar erstellen sollte. Ergänzende Beiträge leisteten die ONAF mit einem organoleptischen Schema und auch die «Laboratori del Gusto», die Geschmackslabors des Verlags Slow Food. Ergebnis dieser vereinten Bemühungen ist das erste, noch provisorische Glossar zur Käseverkostung (Seite 26).

Das Aufschneiden eines pyramidenförmigen Käses, der typischen Form einiger französischer Ziegenkäse.

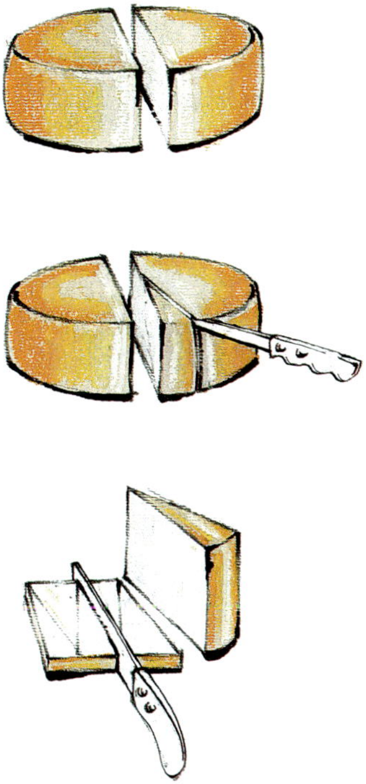

Hier wird ein runder Weich- oder halbfester Käse aufgeschnitten und fachgerecht portioniert.

Sichtprüfung

Die nur für Fachleute interessanten allgemeinen Eigenschaften eines Käses – wie die Symmetrie der Form sowie die Beschaffenheit der Ober- und Unterseite bzw. des Randes – spielen hier keinerlei Rolle. Beurteilt werden aber Rinde, Farbe und Teig. Charakterisierungsbegriffe für die Rinde sind dabei : dünn, dick, glatt, ebenmäßig, orangenschalenähnlich, baumrindenähnlich, faltig, trocken, feucht, gefleckt, rissig, mit Schimmel bedeckt; und für die Farbe: weiß, kreideweiß, milchweiß, sahneweiß, elfenbeinfarben, strohfarben, wachsgelb, goldgelb, ockergelb, haselnussfarben, rötlich, grau, schwarz. Der Teig wird sowohl nach Farbe (milchweiß, kreideweiß, porzellanweiß, sahneweiß, elfenbeinfarben, strohfarben, wachsgelb, orangegelb, haselnussfarben, ockergelb, mit Edelpilz von vornehmlich grüner/grauer/blauer Farbe) als auch nach seiner Konsistenz beschrieben: glatt, butterähnlich, teigig, kreideartig, kreideartig-bröckelig, körnig, granitartig, granitartig-schuppig, schwammartig, trocken, schmelzend unter der Rinde, mit angedeuteter feiner bzw. grober Lochung.

Geruchspüfung

Bei dieser Prüfung geht es um die Intensität und Qualität der Geruchsempfindungen, wobei man sich nicht mit der Definition der dominanten Gerüche begnügen sollte. Mit der Zeit (und einiger Erfahrung) wird man auch die ergänzenden komplexeren Geruchsnuancen wahrnehmen können, die gerade die Originalität einiger Käsesorten ausmachen. Scheuen Sie nicht die Schwierigkeit, anschließend alle wahrgenommenen Gerüche auch zu beschreiben; ziehen Sie dafür die Weinfachterminologie oder speziell auf Käse bezogene Bezeichnungen heran. Die Geruchsprüfung ist auch wichtig, um verdorbenen oder nicht mehr ganz einwandfreien Käse zu erkennen. Zum Beispiel warnt ein dominanter Ammoniakgeruch vor einem Käse, der die Reifeschwelle bereits überschritten hat. Ein ranziger oder azetonähnlicher Geruch deutet auf einen nicht mehr ganz einwandfreien Käse hin – kann aber als Zeichen fortgeschrittener Reife noch organoleptisch akzeptabel sein, während ein Ammoniakgeruch keinesfalls zu tolerieren ist. Soweit möglich haben wir hier eindeutige Geruchsgruppen zusammengestellt, die bis an die Grenze der Unbedenklichkeit reichen, sie aber nicht überschreiten.

Folgende Geruchsfamilien stehen zu Ihrer Verfügung:
Sahne/Buttermilch/Azeton
Butter/Fett/ranzig
weiße Blüten/Kräuter/Heu
Honig/Haselnuss/Mandel, Vanille/Gewürze
leicht bitter/Ingwer/bitter
Gärstoffe/Erde
Wolle/Stall/Ziegenbock
säuerlich/sauer/herb
Rebschoß/Holz/Keller
gekocht/Rauch/angebrannt
Edelpilze/Pilz/weißer Trüffel
Kohl (Gemüse)/Zwiebel/Knoblauch.
Erweitern oder verändern Sie diese Liste getrost entsprechend Ihren eigenen Geruchserfahrungen und -fähigkeiten.

Geschmacksprüfung

Zunächst werden die allgemeinen Geschmackseindrücke formuliert (mild/schmackhaft/salzig, frisch/kräftig/brennend, hart/rund/fettreich) sowie die Intensität und Qualität der aromatischen Eigenschaften beschrieben (schwach, intensiv, stark, elegant, klar, außergewöhnlich, milchartig, bitter). Dann wird versucht, feinere Geschmacksnuancen wahrzunehmen und zu benennen, etwa: butterartig/fortgeschrittene Ranzigkeit, säuerlich, Buttermilch, bitter, Joghurt, süße und süßliche Fermente, leicht bitter/mandelartig, Kastanie, Haselnuss, Honig, gekocht, geröstet, Heu, Knoblauch, Zwiebel, Wolle, trockener Rebschoß, pikant oder stechend scharf, Schimmel oder Pilz.

Recht schwierig zu beurteilen ist, ob die wahrgenommenen Geschmacksnoten in einem ausgewogenem Verhältnis zueinander stehen und welche Geschmacksharmonie der Käse insgesamt vermittelt, die Frage also, ob wir ihn als mager, schmelzend, seidig, butterig, kristallisiert oder grobkörnig empfinden. Und zuletzt gilt es, zwei Eigenschaften zu prüfen, die für die gesamte Qualitätsbewertung äußerst wichtig sind: die «Länge», sprich Dauer des Nachgeschmacks, und den Wohlgeschmack. Um erstere zu definieren (kurzer, langer, sehr langer Nachgeschmack), muss man andere Geschmackseindrücke (ob beispielsweise der Käse salzig oder pikant ist) ignorieren, da diese in der Käserei verändert werden können, ohne doch den komplexen Gesamtcharakter des Produkts wesentlich zu beeinflussen.

Der Wohlgeschmack scheint zunächst eine sehr subjektive und diffuse Größe zu sein, darum hat man sich darauf verständigt, Wohlgeschmack als «die Präsenz eines Käses im Mund und auf der Zunge» zu definieren. Er soll auf einem breiten aromatisch-geschmacklichen Spektrum beruhen, steht also im Gegensatz zu einem eindeutig starken, aber begrenzten Geschmack wie etwa stechender Schärfe.

Verkostungsglossar

Aroma Die Gesamtheit der wahrnehmbaren Geruchsstoffe einer Substanz. Die Geruchsmoleküle werden nicht direkt nasal, sondern über den retronasalen Weg transportiert.

Ausgewogenheit Drückt das mehr oder weniger gleichgewichtige Verhältnis der verschiedenen organoleptischen Empfindungen bei der Kostprobe aus. Je harmonischer dieses Verhältnis ist, als desto ausgewogener gilt der Käse.

Bröckeligkeit Die Eigenschaft eines Käses, in winzige Teilchen zu zerbröseln.

Elastizität Die Fähigkeit eines Käsestücks, nach dem Verformen wieder die ursprüngliche Gestalt anzunehmen.

Farbe des Käseteigs und der Rinde. Sie hängt zum einen von der Milch ab (Ziegen- und Büffelmilch zum Beispiel fehlen der gelbe Beta-Carotin-Farbstoff), aber auch vom Reifestadium. Der Käseteig kann farblich von milchweiß bis braun variieren. Die Farbe der Rinde ist durch die Verfahren bedingt, mit denen sie behandelt wurde.

Form Äußere Gestalt eines Käses: seine feste geometrische Form von kleinen bis großen Ausmaßen. Rund, quadratisch usw.

Geruch Sensorische Empfindung, die sich durch «Beschnuppern» einstellt. Das Geruchsepithel wird von den auf direktem nasalem Weg aufgenommenen Molekülen stimuliert, und der Geruchssinn verarbeitet die dabei wahrgenommenen Eindrücke.

Geruchskomplexität Nach dem Erkennen unerwünschter Geruchseigenschaften sowie der Bestimmung der dominanten Geruchsnote eines Käses lässt sich ein komplexes Gesamturteil über seine Geruchsqualität fällen.

Geschmack Empfindung, die durch die Aufnahme eines Nahrungsmittels in den Mund ausgelöst wird – süßer, bitterer, salziger, saurer, angenehmer, abstoßender Geschmack usw.

Kleine, hohe Käsesorten werden zunächst in einzelne Stücke geschnitten, die man dann zum Anrichten noch einmal quer durchtrennt.

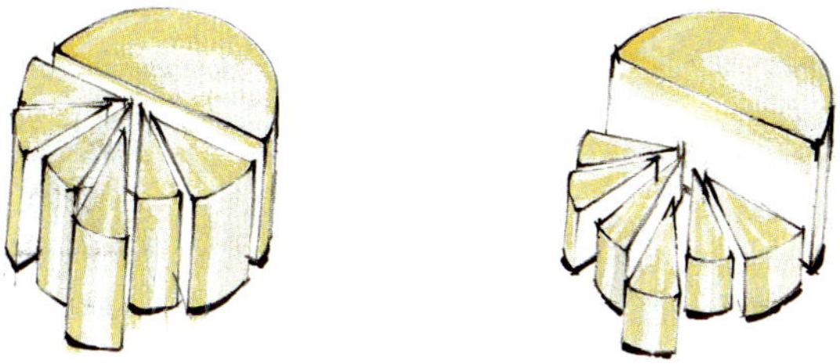

Härte Widerstand, den der Käse bereits gegen eine geringe Bewegung der Kiefer leistet.

Konsistenz Gesamtheit der Empfindungen beim Kauen des Käses, etwa seine Haftung am Gaumen und an der Zunge. Die Konsistenz des Käseteigs kann bröckelig, elastisch, schmelzend, trocken, gummiartig, lose usw. sein.

Körnigkeit Wahrnehmung kleiner körnerartiger Partikel beim Kauen.

Länge Die Dauer der retrolfaktiven (*siehe* Retrolfaktion) Empfindung. Um sie zu bewerten, muss man Geschmackseindrücke wie salzig und pikant aus der Bewertung ausschließen, da diese Eigenschaften die Komplexität eines Käses nicht zum Ausdruck bringen.

Löslichkeit Eigenschaft eines Käseprobestücks, sich im Mund mehr oder minder schnell im Speichel aufzulösen.

Nachgeschmack Gesamtheit aller geschmacklichen Eindrücke, die nach Verschlucken des Käses im Mund festgestellt werden können. Der Nachgeschmack wird nach der Qualität und Dauer dieser Empfindung bewertet (*siehe* Länge).

Organoleptische Prüfung *siehe* Sensorische Prüfung

Palatabilität
Die Gesamtheit der im Innern der Mundhöhle ausgelösten Empfindungen, die Rückschlüsse auf die Quantität der bei dem Probe-

stück aktivierten sensorischen Zellen sowie auf die Geschmacksqualität selbst zulässt. Im Allgemeinen wird die Palatabilität vom Geschmack des Fetts bestimmt, aber die Qualität der Empfindungen hängt auch von der Ausgewogenheit ab, die ein Käse vermittelt (*siehe* Ausgewogenheit).

Retrolfaktion Gesamtheit aller Geruchseindrücke, die nach Verschlucken des Käses im Mund zurückbleiben.

Schmackhaftigkeit Der Charakter eines wohlschmeckenden Käses mit vollem, reichem, angenehmem und nachhaltigem Geschmack.

Sensorische Prüfung Bewertung eines Nahrungsmittels mittels der fünf Sinne (Sehen, Riechen, Schmecken, Hören und Fühlen).

Verformbarkeit Eigenschaft eines Käses, sich allmählich zu verformen, bevor er auseinander bricht.

Wohlgeschmack
siehe Palatabilität

Zwei Vorgehensweisen beim Portionieren von rundem flachem Weich- oder halbfestem Käse. Links die europäische, rechts die amerikanische Methode.

Links ist ein professionelles Schneidewerkzeug abgebildet, der so genannte Drahtschneider für Weichkäse, rechts wird das Schneiden mit einem an zwei Enden gehaltenen Messer ausgeführt.

3. Käse aufbewahren

Wie soll man Käse zu Hause lagern? Oder genauer: Wie soll man ihn aufbewahren, ohne dass seine organoleptischen Eigenschaften beeinträchtigt werden?

Zunächst muss zwischen Reifung und Lagerung unterschieden werden: Außer bei Frischkäse ist die Reifung untrennbar und ohne Aufschub mit der Käseherstellung verbunden. Die Lagerung nach der Fertigstellung des Käses ist zwar unumgänglich, schadet aber in den meisten Fällen den organoleptischen Merkmalen des Produktes. Darum sollte sie so kurz wie nur eben möglich währen.

Umgebungstemperatur und Luftfeuchtigkeit sind die grundlegenden Parameter, die den Reifungsprozess bestimmen – ob nun in den Höhlen der Valsassina und den Berghütten von Castelmagno oder in den großen Affinageräumen um Parma oder den blitzsauberen Reifungslagern für industriell hergestellten Käse. Idealerweise müsste man diese speziellen Temperatur- und Luftfeuchtigkeitsbedingungen auch bei der Aufbewahrung zu Hause berücksichtigen, was aber in der Praxis undurchführbar ist. Außerdem stehen einer idealen Aufbewahrung noch andere Faktoren entgegen. So reift jeder Käse als Ganzes – von den großen Provolone-Sorten bis hin zum kleinen Caciocavallo. Gelagert werden aber in der Regel nur einzelne Scheiben oder Stücke, und diese unterliegen anderen chemischen Prozessen als der ganze Käse. So oxidiert Käse oberflächlich vergleichsweise schnell, der Käseteig nimmt dabei eine dunklere Farbe an. Die Eiweißspaltung und die Intensivierung von Geruch und Geschmack führen zu einer Qualitätsminderung, während die UV-Strahlen des Lichts die Fettstoffe und Vitamine allmählich zerstören. Eine komplexe Reihe organischer Substanzen, ausgehend von der Milch, verändert mit zunehmendem Alter des Käses dessen Molekularstrukturen und andere typische Eigenschaften. Der Lebenszyklus eines Käses – die Zeitspanne von seiner mechanischen Herstellung bis zur vollständigen Reifung – ist relativ kurz bemessen. Danach folgen verschiedene Grade seines Todes. Wer dergleichen schätzt, ist kaum mehr ein Käseliebhaber, eher ein Leichenschänder…

Keller und Kühlschrank

Käse zu Hause zu lagern, ist immer ein Problem. Es lässt sich verringern, indem man bei einem guten Käsehändler jeweils nur kleine Portionen kauft und diese innerhalb weniger Tage verbraucht. Wer freilich nicht in der Stadt mit ihrer trockenen verschmutzten Luft lebt, sondern einen kühlen Lebensmittelkeller mit Halbschatten und optimalem Klima sein Eigen nennt, kann sich mit größeren Käsemengen versorgen und selbst den alten Brauch gewisser Gourmets wieder aufleben lassen, den noch nicht gereiften Käse direkt vom Senner zu kaufen, um ihn im eigenen Keller reifen zu lassen. Dann wird es zu einem täglichen Ritual, den Alterungsprozess sorgsam zu überwachen und die Rinde zu reinigen.
Da es derartige Vorratskammern heute kaum mehr gibt, bleibt dem normalen Verbraucher nur, den Käse im Kühlschrank aufzubewahren und zwar in einem Bereich, dessen Temperatur dem Gefrierpunkt am nächsten ist, ihn aber nicht unterschreitet. Ein Käsestück wird am besten in Frischhaltefolie, beschichtetes Papier oder Alufolie gepackt. Einzelne Scheiben sollten durch Papier voneinander

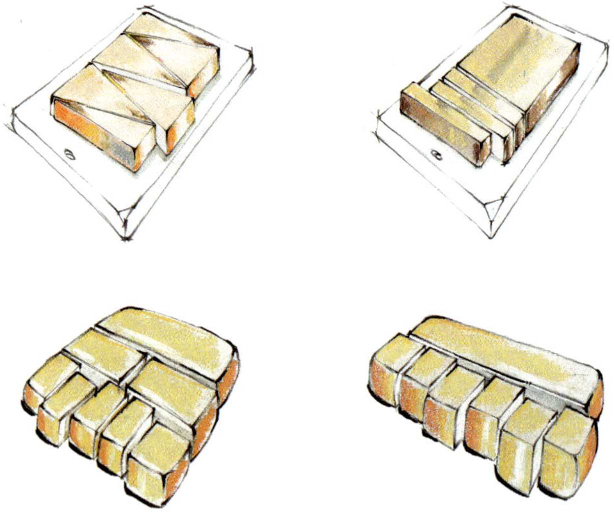

Das Anschneiden von vier- oder rechteckigem Weich- bzw. halbfestem Käse. Bei Kantenstücken ist der Rindenanteil größer, achten Sie beim Servieren also auf ein ausgeglichenes Verhältnis zwischen Teig- und Rindenstücken.

getrennt werden, damit durch den physischen Kontakt nicht Aromastoffe oder Schimmelpilze übertragen werden.
Einige Kenner machen aber, was die Lagerung angeht, Unterschiede zwischen Hartkäse mit langer und Weichkäse mit kurzer Reifezeit. Um Hartkäse, etwa ein Stück Grana oder Pecorino, optimal in einer kleinen, gut belüfteten Speisekammer aufzubewahren, empfehlen sie ein frisch gewaschenes, aber geruchsfreies Leinen- oder Baumwolltuch, in das der Käse eingeschlagen wird. Ist der Käseteig relativ trocken, kann das Stück zusätzlich noch in eine mit Löchern versehene Plastiktüte verstaut und an einem kühlen, dunklen Ort aufbewahrt werden. Der Zustand des Käses muss jedoch regelmäßig überprüft werden, da sich an der Oberfläche rasch ein bläulicher Schimmel bilden kann. Zu bedenken ist auch, dass die Lagerung zu Hause je nach Jahreszeit unterschiedlichen Bedingungen unterliegt: Im Sommer, wenn Temperatur und Luftfeuchtigkeit kritische Werte erreichen, ist der Kühlschrank unverzichtbar. Eine Stunde vor dem Servieren wird der Käse aus dem Kühlschrank und der Verpackung genommen, damit er atmen kann.

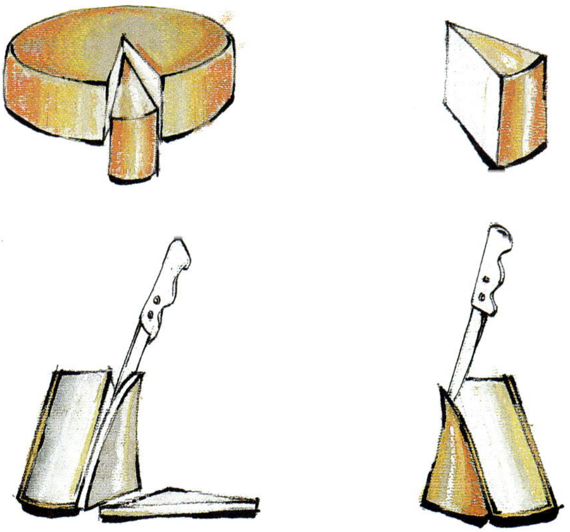

Eine weitere Methode, um einen runden, hohen Hartkäselaib anzuschneiden. Achten Sie auf das korrekte Vorgehen beim Abschneiden der Rinde von reifen Käsesorten: Man entfernt sie von der Mitte zum Rand hin.

Kleines Käseglossar

Ablösen des Teigs
Die physikalische Veränderung der inneren Struktur des Käseteigs, wobei er sich vor allem längs ablöst und unregelmäßige Vertiefungen bildet. Es handelt sich dabei um einen Fehler, der einer nachlässigen Verarbeitung des Bruchs zuzuschreiben ist.

Alm
Eine während des Sommers für Milchvieh genutzte Gebirgsweide, die besonders reich an Futterstoffen ist und der Milch bestimmte Eigenschaften und besondere Qualität verleiht. Auf der Alm gibt es normalerweise eine Hütte für die Käseherstellung. In Italien sind vielerlei regional unterschiedliche Bezeichnungen für «Alm» geläufig, darunter *alpeggio*, *malga* und *alpe*.

Aufrahmung
Physiologischer Vorgang beim Stehenlassen der Milch, bei dem sich deren fettreicher Teil aufgrund des unterschiedlichen spezifischen Gewichts spontan an der Oberfläche absetzt. Diese bei der Herstellung von Magermilch angewandte Technik wird auch bei der Produktion der wichtigsten halbfetten Käsesorten wie Grana Padano und Parmigiano Reggiano eingesetzt.

Ausreifung
Die Endphase der Käseherstellung, die das Endprodukt entscheidend beeinflusst (*siehe* Reifung). Die Ausreifung findet in besonderen Gewölben (Kellern, Höhlen usw.) bzw. in speziellen Reiferäumen mit elektronischer Temperaturregelung statt. Bei Frischkäsesorten dauert die Ausreifung nur wenige Tage, während sie bei Hartkäse mehrere Jahre währen kann. In dieser Phase müssen die Käselaibe häufig gewendet werden und bedürfen spezieller Pflege.

Beimpfung
Der Zusatz aktiver und selektierter Microbenkulturen zu der für die Käseherstellung bestimmten Milch, um die Gärung durch den Milchzucker und andere Bestandteile der Milch einzuleiten. Die Substrate, auf denen Bakterienkulturen vorrangig entstehen oder

inokuliert werden, sind Milch und Molke, darum bestehen die Zusätze zur Milch aus Milch- oder Molkefermenten (selektiertes Bakterienwachstum) bzw. aus Milch- oder Molkeimpfkulturen (natürliches Bakterienwachstum).

Blähung
Eine nicht seltene Veränderung bei gekochten Käsesorten, die durch gaserzeugende Mikroorganismen hervorgerufen wird. Von «Frühblähung» spricht man, wenn die Milchzuckergärung aufgrund anderer Bakterien als der Milchsäurebakterien (zum Beispiel Coli) hervorgerufen wird. Die so genannte «Spätblähung» tritt im fortgeschrittenen Reifestadium durch die Wirkung von Butter- und Propionfermenten auf.

Bleu *siehe* Erborinatura

Butter
Nach der italienischen Gesetzgebung ist Butter ein «Produkt, das durch mechanische Bearbeitung aus dem Rahm der Kuhmilch, Kuhmilchmolke oder einem Gemisch dieser Produkte hergestellt wird». Die traditionelle Verarbeitungsweise wird als «Buttern» bezeichnet, dabei wird der Rahm so lange bearbeitet, bis die äußere Membran der Fettkügelchen zerstört ist und die wässrige Buttermilch abgetrennt werden kann. Beim Austreten der Fettstoffe in der flüssigen Phase werden alle Bestandteile des Rahms aufgenommen, wodurch die spezielle Struktur der Butter entsteht.

Buttermilch *siehe* Butter

Denominazione Tipica (Typisches Produkt)
Bezeichnung für einen Käse laut Artikel 2 des italienischen Gesetzes Nr. 125/54, in dem es heißt: «Als typische Produkte werden diejenigen Käsesorten bezeichnet, die auf nationalem Territorium unter Berücksichtigung lokaler und ständiger Bräuche hergestellt werden und deren qualitative Eigenschaften überwiegend durch bestimmte Herstellungsverfahren bedingt sind.» Im Gegensatz zur Denominazione Tipica berücksichtigt die Bezeichnung «Denominazione di Origine» (*siehe* dort) darüber hinaus auch den Einfluss von Umweltbedingungen im Ursprungsgebiet auf das Endprodukt.

DO – Denominazione di Origine (Ursprungsbezeichnung)
Bezeichnung für einen Käse laut Artikel 2 des italienischen Gesetzes Nr. 125/54, in dem es heißt: «Die Ursprungsbezeichnung bezieht sich auf Käsesorten, die in einem begrenzten geografischen Gebiet unter Berücksichtung lokaler und ständiger Bräuche hergestellt werden und deren besondere qualitative Eigenschaften überwiegend durch den Erzeugungsort bedingt sind.»

DOP – Denominazione di Origine Protetta (Geschützte Ursprungsbezeichnung)
Bezeichnung für einen Käse oder ein beliebiges anderes Lebensmittelprodukt laut Artikel 2 der EWG-Verordnung 2081/92, in der es heißt: «Ursprungsbezeichnung: der Name einer Gegend, eines bestimmten Ortes oder in Ausnahmefällen eines Landes, der zur Bezeichnung eines Agrarerzeugnisses oder eines Lebensmittels dient, das aus dieser Gegend, diesem bestimmten Ort oder diesem Land stammt und das seine Güte oder Eigenschaften überwiegend oder ausschließlich den geografischen Verhältnissen einschließlich der natürlichen und menschlichen Einflüsse verdankt und das in dem begrenzten geografischen Gebiet erzeugt, verarbeitet und hergestellt wurde.»

Entrahmung
Ein Verfahren, durch das ein Teil des Fettes von der Milch getrennt wird. Im Falle natürlicher Entrahmung spricht man von Aufrahmung (*siehe* Aufrahmung). Dieses Verfahren kann mit Hilfe von Milchzentrifugen maschinell und damit schneller durchgeführt werden.

Enzym
Eine komplexe organische Substanz, die bestimmte chemische Reaktionen begünstigt. In der Milch sind etwa 60 verschiedene Enzyme enthalten, wovon einige für deren Weiterverarbeitung von großer Bedeutung sind. Auch das Chymosin, das Pepsin und die Lipase, die im Lab enthalten sind, gehören zu den Enzymen.

Erborinatura (Edelpilzkäse)
Die Bezeichnung für Käsesorten, deren Teig durch den Zusatz von Schimmelpilzen grün oder blau marmoriert ist. Dazu gehören einige der bekanntesten europäischen Käse: Gorgonzola, Roquefort, Stilton und andere französische Blauschimmelkäse (Bleu). Die ita-

lienische Bezeichnung geht auf das Wort *erborin* zurück, das im lombardischen Dialekt «Petersilie» bedeutet, und bezieht sich auf die typische Farbe und Struktur des Teiges. Die französische Bezeichnung lautet *persillé*.

Ergiebigkeit
Der Ertrag der Milch in Form von Käse während der Käseherstellung. Sie wird in Prozent ausgedrückt (produzierter Käse in Kilogramm ausgehend von 100 Kilogramm verwendeter Milch). Im Durchschnitt geht man von einer Ergiebigkeit von zehn Prozent aus, diese kann jedoch bei sehr frischen Produkten zwischen 15 und 20 Prozent und bei Hartkäsesorten zwischen sieben und acht Prozent schwanken.

Fascera (pl. **fascere)**
Eine spezielle Form ohne Boden, in die der Käsebruch aus dem Kessel eingefüllt wird. Den Bruch lässt man entweder abtropfen (für Weichkäse) oder presst ihn in die Fascera (für Hartkäse). Die Form besteht aus Buchenholz, Metall oder Kunstharz und kann mit der Herkunftsmarke versehen werden, so dass diese später auf dem Käselaib aufgeprägt erscheint.

Ferment *siehe* Beimpfung

Fett
Ein wesentlicher Bestandteil der Milch, in der es in Form feinster Kügelchen vorkommt, die von an Phospholipiden und Vitaminen reichen Membranen umgeben sind. Der Fettgehalt der Milch schwankt je nach Sorte, und die Bedeutung des Fetts als Nahrungsmittel hängt von seinem jeweiligen Energiewert und Vitamingehalt ab. Das Fett ist ein grundlegender Bestandteil von Käse und beeinflusst sein Aroma und seinen Geschmack. Eine gängige Klassifizierung von Käse macht seinen Fettgehalt zur Grundlage, der in Prozenten der Trockenmasse (Fett i. Tr.) ausgedrückt wird: Magerstufe (weniger als 20 Prozent), Halbfettstufe (zwischen 20 und 42 Prozent), Fettstufe (über 42 Prozent).

Fleckigkeit
Schwarze Verfärbung des Teigrandes unterhalb der Rinde. Dieser Fehler ist durch einen zu hohen Fettanteil oder durch die Aufbewahrung der Käselaibe in schlecht belüfteten Räumen bedingt.

Formen *siehe* Fascera

Fossa
Ein drei Meter tiefer Schacht in Form einer dickbauchigen Flasche, mit einem Durchmesser von etwa zwei Metern am Boden und einem Meter am Hals – in Sogliano al Rubicone (Provinz Forlì) und Talamello (Provinz Pesaro) sind solche Schächte ins Tuffgestein eingelassen. Um *Formaggi di fossa* («Grubenkäse») herzustellen, werden die Käseformen Mitte August in die Fossa gelegt, die daraufhin hermetisch verschlossen wird. Am 25. November, dem Tag der heiligen Katharina, wird der Käse herausgenommen und kommt in den Handel.

Gekochter und halbgekochter Teig
Ein Herstellungsverfahren, das darin besteht, den frischen Käsebruch zu kochen, um die Synärese (*siehe* Synärese) zu verbessern, ihn sehr elastisch zu machen und die Aufnahme der Käsekörner zu erleichtern. Die Kochtemperatur reicht von 44 bis 45 °C (halbgekochter Teig, beispielsweise für Fontina-, Asiago- und Bitto-Käse) bis 54 bis 55 °C (gekochter Teig, etwa für Grana Padano, Parmigiano Reggiano, Emmentaler usw.).

Gerinnung
Ein grundlegender Prozess beim Übergang von der Milch zum Käse. Durch Einwirkung zahlreicher Faktoren (Säure, Temperatur, in der Milch vorhandene Mineralstoffe, Zusatz von Lab) treten in dieser Phase die Kaseine aus, der Bruch bildet sich und die Molke trennt sich ab. Von saurer Gerinnung spricht man, wenn das Kasein aufgrund von Säureeinwirkung austritt (bei Käsesorten vom Typ Robiola di Roccaverano, Quark, Mascarpone usw.). Die Labgerinnung dagegen erfolgt nach der Beigabe von Lab und ist die bei den meisten Käsesorten angewandte Methode.

Gewaschene Rinde *siehe* Rinde

Hartkäse
Käsesorten, deren Wassergehalt weniger als 40 Prozent beträgt. Dazu gehören solche mit rohem und gepresstem Teig, Knetkäse und Sorten mit gekochtem und halbgekochtem Teig.

Höhlen
Einige Käsesorten, vor allem Weich- und Edelpilzkäse, reifen in der natürlichen und geschützten Umgebung von Höhlen. Sie zeichnen sich durch niedrige Temperaturen sowie hohe Luftfeuchtigkeit aus und werden über Felsspalten durch kalte und feuchte Luftströme belüftet. Beispiele sind die Höhlen der Valsassina für den Taleggio und die so genannten Fleurines für den Roquefort.

IGP – Indicazione Geografica Protetta (Geschützte geografische Angabe)
Laut EWG-Verordnung 2081/92 Bezeichnung für einen Käse oder ein beliebiges anderes Lebensmittelprodukt, die sich von der geschützten Ursprungsbezeichnung dadurch unterscheidet, dass für ihre Zuerkennung eine bestimmte Qualität oder eine andere Eigenschaft, die sich aus dem geografischen Ursprung ergibt, vorausgesetzt wird und dass zumindest eine Produktionsphase (Erzeugung und/oder Verarbeitung und/oder Herstellung) in dem besonderen Gebiet stattfinden muss.

Joghurt
Ein Produkt aus fermentierter Milch, das durch Zugabe von Kulturen wie *Lactobacillus bulgaricus* und *Streptococcus termophilus* entsteht. Dazu wird Vollmilch, teilentrahmte Milch oder Magermilch sterilisiert bzw. pasteurisiert, mit speziellen Mikroorganismen inokuliert, gekühlt und bis zum Zeitpunkt des Verzehrs bei 4 °C aufbewahrt. Gilt als gesundes und natürliches Lebensmittel.

Käsebruch
Entsteht in der Sol-Phase durch die Gerinnung der Milch, und zwar während des Übergangs der Kaseine vom Zustand der kolloidalen Lösung zum Gel-Zustand, nach dem Zusatz von Lab oder nach der Gerinnung der Milch. Der Bruch ist nichts anderes als das von der Molke getrennte Kasein in gallertartiger Form – das erste Stadium im Prozess der Käseherstellung.

Kasein
Wichtigster Eiweißbestandteil der Milch (etwa 80 Prozent der gesamten Eiweißbestandteile). Kasein weist verschiedene Strukturvarianten auf (Alpha, Beta und Kappa), die unter dem Einfluss von Enzymen oder Säure gerinnen und den Käsebruch bilden (*siehe* Käsebruch).

Keller
Ein dank optimaler Lichtverhältnisse, Luftfeuchtigkeit und Temperatur besonders geeigneter Raum für den Verlauf aller physiologischen Vorgänge, die den Reifungsprozess des Käses fördern.

Knetkäse
Bei diesem Herstellungsverfahren lässt man den Bruch einige Stunden in der heißen und sauren Molke reifen, um den Teig zu demineralisieren und formbar zu machen. Anschließend wird er in 70 bis 90 °C heißem Wasser in die gewünschte Form geknetet (zu diesem Typ gehören beispielsweise Mozzarella, Provolone, Caciocavallo, Ragusano usw.).

Kolostrum
Die erste Milch des Muttertieres an den Tagen unmittelbar nach der Geburt; ihre chemische Zusammensetzung unterscheidet sich von jener der Standardmilch.

Lab
Ein Ferment tierischen Ursprungs, das eiweißspaltende Enzyme (Chymosin und Pepsin) enthält, die das Kasein gerinnen lassen. Im Allgemeinen wird Lab aus dem Labmagen säugender Wiederkäuer (Kälber, Zicklein, Lämmer) gewonnen. Einige Labfermente enthalten auch Lipasen, das heißt fettspaltende Enzyme, die ebenfalls zu den organoleptischen Eigenschaften des Käses beitragen. Im Handel ist Lab in verschiedenen Formen erhältlich: flüssig, pulverförmig, in Häutchen oder als Paste. Weitere gerinnungsfördernde Substanzen können pflanzlichen Ursprungs sein (Karden) oder werden aus Pilzen gewonnen.

Lipolyse
Der Prozess der Fettspaltung, der durch bestimmte Enzyme (Lipasen) gefördert wird. Die Fettspaltung spielt eine wichtige Rolle im Reifeprozess einiger Käsesorten, die sich durch eine starke Letthydrolyse auszeichnen (bei Pecorino- und Provolone-Sorten findet sie durch die Lipasenzufuhr über das Lab in den Käseteig statt, beim Gorgonzola aufgrund der Lipasenzufuhr durch die Schimmelpilze).

Lochung
Die Gesamtheit der Löcher im Käseteig, die in den sauren Phasen mit Gasbildung, insbesondere von Kohlendioxid, entstehen. Die

Lochung ist üblicherweise klein und gleichmäßig. Es gibt aber auch Ausnahmen, wie beim Emmentaler, bei dem die Löcher ziemlich groß und unregelmäßig sind. Die Lochung verdankt sich der Wirkung der Propionbakterien, die die Milchsäure in Propionsäure und Kohlendioxid umwandeln.

Melkung
Das Gewinnen der Milch von Milchtieren, entweder von Hand oder durch den Einsatz von Maschinen. Ziel ist dabei die vollständige Entleerung des Euters. Die Milchsekretion des Tiers ist Ergebnis eines komplexen hormonellen Regulierungsmechanismus der Milchdrüse.

Milch
Laut internationalem Übereinkommen wird Milch definiert als: «Das integrale Produkt, das durch das vollständige und regelmäßige Melken eines gesunden, gut genährten und nicht überanstrengten Milchtieres gewonnen wird. Die Milch muss sorgfältig und unter Einhaltung höchster Sauberkeit in die Behälter abgefüllt werden und darf kein Kolostrum enthalten. Die Bezeichnung ‹Milch› bezieht sich ausschließlich auf Kuhmilch. Die Sauberkeit des Materials und der Geräte muss sicher stellen, dass sich die Zusammensetzung der Milch keinesfalls verändern kann.» Im Durchschnitt setzt sich Kuhmilch wie folgt zusammen: 87 bis 88 Prozent Wasser, 3,4 bis 4,4 Prozent Fett, 3 bis 3,5 Prozent Eiweiße, 4,7 bis 5,2 Prozent Milchzucker, 0,8 bis 1 Prozent Mineralstoffe. Auch die Milch anderer Wiederkäuer eignet sich für die Käsezubereitung, etwa Schafs-, Ziegen- und Buffelmilch.

Milchfermente
Mikroorganismen (Bakterien), die bei der Käseherstellung eine wichtige Rolle spielen, da sie die Säuerung und das Dicklegen der Milch und des Bruchs begünstigen. Sie sind auch in erster Linie für die organoleptischen Eigenschaften eines Käses verantwortlich, insofern sie die Gärung des Milchzuckers und anderer wichtiger Bestandteile der Milch beeinflussen. Bei der Thermisation findet eine Selektion der Bakterien statt (dazu gehören auch Milchsäurebakterien), während sie bei der Pasteurisation weitgehend zerstört werden. Bei der Verarbeitung von pasteurisierter Milch zu Käse ist es notwendig, eine Beimpfung mit anderen ausgewählten Fermenten vorzunehmen (*siehe* Beimpfung).

Milchzucker (Laktose)
Zucker, der nur in Milch vorkommt und beim Verzehr sofort vom Körper aufgenommen wird. Chemisch handelt es sich um die Verbindung eines Glukosemoleküls mit einem Galaktosemolekül, die in der Natur nur sehr selten vorkommt. Milchzucker ist ein wichtiger Bestandteil einiger Nervengewebe. Bei der Käseherstellung kommt ihm keine wesentliche Bedeutung zu, da er in der Molke aufgelöst bleibt. Wichtig ist jedoch die Gärung des Milchzuckers in Milchsäure durch die Milchflora, denn sie beeinflusst die organoleptischen Eigenschaften des Käses.

Mineralstoffe
Milch enthält zahlreiche Mineralstoffe, die in der Ernährungsphysiologie eine große Rolle spielen. Insbesondere ist sie reich an Kalzium und Phosphor, die optimal vom Knochengerüst des saugenden Jungtieres aufgenommen werden können. Dagegen weist Milch nur einen geringen Eisengehalt auf. Kalzium und Phosphor sind wichtig für den Gerinnungsprozess.

Molke
Ein flüssiges Nebenprodukt, das bei der Käseherstellung anfällt. Molke enthält Milchzucker, Molkeeiweiße und Mineralstoffe (die Molke macht etwa 90 Prozent der ursprünglich verarbeiteten Milch aus). Sie wird zum Teil in Käsereien für die Herstellung von Molkefermenten, zur Beimpfung (*siehe* Beimpfung) und für die Herstellung von Ricotta (*siehe* Ricotta) verwendet. Außerdem findet sie Verwendung in der Süßwarenindustrie (in Pulver- oder konzentrierter Form) sowie in der Tierzucht bei der Schweinefütterung.

Molkeeiweiße
Eiweiße, die sich unter Einwirkung des Labs oder der Säure nicht absetzen, sondern in der Molke gelöst verbleiben. Es handelt sich dabei in erster Linie um hochwertige Proteine wie Lactoalbumine und Lactoglobuline, die auch in der Ricotta enthalten sind. Das Kolostrum ist sehr reich an Lactoalbuminen sowie Lactoglobulinen und enthält damit die ersten vom Neugeborenen aufgenommenen Antikörper.

Molkeaustritt *siehe* Synärese

Ober-/Unterseite
Die beiden Auflageflächen zylinderförmiger Käselaibe. Man unterscheidet die Ober- von der Unterseite, wobei beide je nach Oberflächenbeschaffenheit flach (Grana, Parmesan), konvex (gepresster Asiago) oder konkav (einige Sorten in Körbchenform) sein können. Auf der Ober- und/oder Unterseite befindet sich manchmal die Herkunftsmarke.

Oxidation
Ein chemischer Prozess, der auf einen Käse einwirkt, der über längere Zeit hinweg der Luft ausgesetzt ist. Die Oxidation ruft sowohl sichtbare Veränderungen (der Farbe des Käseteigs) als auch zum Teil erhebliche Veränderungen von Geruch und Geschmack (Ranzigkeit des Fetts) hervor.

Pasteurisation
Die Wärmebehandlung der Rohmilch, bei der diese für mindestens 15 Sekunden auf nicht weniger als 71,1 °C erhitzt wird. Nach dieser Behandlung muss die Milch negativ auf den Phosphatase-Test reagieren. Ziel der Pasteurisation ist die Vernichtung von Krankheitserregern und die Sicherung der gesundheitlichen Unbedenklichkeit der Milch. Dadurch wird auch ihre Haltbarkeit erhöht.

Penicillium
Eine Schimmelpilzart, die sich auf der Oberfläche oder im Innern des Käses bildet: Das *Penicillium roqueforti* ist hauptsächlich für das Entstehen des Innenschimmels verantwortlich (Roquefort, Gorgonzola), während das *Penicillium camemberti* den weißen Schimmelbelag auf der Rinde bildet (Camembert, Brie usw.).

Pressen
Eine Herstellungsphase, die vor allem für nicht gekochte Hartkäsesorten charakteristisch ist. Dabei wird für die Dauer von einer bis zu 24 Stunden mechanischer Druck auf den Käse ausgeübt, damit die Molke abfließen kann, bevor sich eine zusammenhängende Rinde bildet.

Proteine
Grundlegende Bestandteile der Milch, die deren Hauptmerkmale bestimmen. Es handelt sich um Stickstoffverbindungen heterogener Natur, die in zwei große Gruppen aufgeteilt werden können:

Kaseine und Molkeeiweiße. Insbesondere die Kaseine kommen in Form von Mizellen in der Milch vor und setzen sich durch die Wirkung von Lab und Säure ab.

Proteolyse
Eiweißspaltung; dieser grundlegende Prozess bei der Reifung des Käses beruht auf der Spaltung der komplexen Kaseinmoleküle in einfachere Stickstoffverbindungen (Aminosäuren). Die Eiweißspaltung wird durch spezifische Enzyme begünstigt.

Quark
Ein Frischkäse, der industriell aus pasteurisierter Milch hergestellt wird, aufgrund der Säuerung gerinnt, mit einer geringen Menge Lab versetzt und durch Kühlung konserviert wird. Er muss innerhalb von ein bis zwei Wochen verzehrt werden.

Rahm
Ein wichtiges Milcherzeugnis, das sich in der Aufrahmungsphase bildet oder während der Entrahmung durch Zentrifugieren gewonnen wird und hauptsächlich bei der Herstellung von Butter, aber auch in der Süßwarenindustrie (Sahne) Verwendung findet. Zu 25 bis 40 Prozent besteht Rahm aus Fett, die übrigen Bestandteile entsprechen im Wesentlichen denen der Ausgangsmilch.

Rand
Die entweder gerade, leicht konvexe oder konkave Seitenpartie zylindrischer Käselaibe. Der Rand entspricht der Form, in die der Käsebruch gepresst wurde. Auf fast allen Hartkäsesorten sind am Rand der Name und/oder die Herkunftsmarke eingeprägt.

Räucherung
Jener Vorgang, bei dem ein Nahrungsmittel Rauchbestandteilen aus der Verbrennung verschiedener Pflanzenstoffe ausgesetzt wird. Durch den Absorptionsvorgang setzt sich der Rauch auf den Lebensmitteln ab, genauer: Das auf der Oberfläche und im Innern des Rauchs befindliche Wasser agiert als Absorptionsfaktor. Viele Käsesorten werden mit Hilfe dieses Verfahrens haltbar gemacht.

Reifung
Der Gesamtverlauf verschiedener chemischer und physikalischer Prozesse, die auf den Käsebruch einwirken und nicht nur die Teig-

textur und das Aussehen des Laibes, sondern vor allem das Aroma und den Geschmack eines Käses prägen. Temperatur und Luftfeuchtigkeit von Reiferäumen müssen mit äußerster Genauigkeit reguliert werden.

Ricotta
Da die Ricotta nicht durch die Gerinnung des Milchkaseins gewonnen wird, ist sie laut italienischer Gesetzgebung kein Käse, sondern Ergebnis der bei hohen Temperaturen (80 bis 90 °C) erfolgenden Molkeeiweißgerinnung, also ein Nebenprodukt bei der Verarbeitung von Kuh-, Schafs- oder Ziegenmilch. Vom ernährungswissenschaftlichen Standpunkt aus gesehen ist Ricotta ein Magerprodukt, das aber reich an hochwertigen Proteinen ist.

Rinde
Die Oberfläche («Haut» oder «Kruste») eines Käses, die sich infolge des Salzens, Trocknens und der Reifung bildet. Bei den Weichkäsesorten spielt die Mikroflora an der Oberfläche eine entscheidende Rolle bei der Bildung der Struktur und organoleptischen Eigenschaften des Käses. Bei den übrigen Sorten hat sie eine Schutzfunktion und fördert den Austausch von Gas und Wasserdampf. Die Rinde ist entweder gewaschen, mit Öl bestrichen oder mit Paraffin beschichtet, damit sich kein Schimmel und keine Rötung durch Oosporen bildet. In einigen Fällen, etwa bei gepresstem Käse, wird die Rinde durch eine Schutzschicht aus Polyvinylacetat ersetzt. Es gibt glatte oder runzelige Rinde, Rinde in Körbchenform, glänzende, dünne, elfenbeinfarbene, gelbliche, braune, poröse, rissige Rinde usw.

Rinde mit Schimmelansatz
Durch die Mikroflora der Oberfläche (Mucor und Penicillium) entsteht ein grauweißer Schimmelbelag auf der Rinde, der typisch für Weichkäsesorten ist (Taleggio, Camembert usw.).

Roher Teig
Bei diesem Herstellungsverfahren ist kein Kochen des Käsebruchs vorgesehen. Roher Teig bildet die Grundlage für alle Frisch- und Weichkäsesorten. Hartkäse und halbfeste Sorten wie Bra, Raschera und Castelmagno aus Italien, der englische Cheddar und der Edamer aus Holland bestehen aus gepresstem rohem Teig.

Rohmilch
Eine Milch, die keinerlei Wärmebehandlung unterzogen und sofort für die Käseherstellung verwendet wird. Sie zeichnet sich durch eine unveränderte natürliche Mikroflora aus, die sich der besonderen Umgebung verdankt und entscheidendenden Einfluss auf die organoleptischen Eigenschaften des Käses hat.

Sahne *siehe* Rahm

Salzbad *siehe* Salzen

Salzen
Der letzte Eingriff, bevor der Käse ausreifen kann. Das Salz hat eine konservierende, eine antiseptische (es kontrolliert die Entwicklung von Mikroben) und eine osmotische Wirkung (die Molke tritt aus, der Käse reichert sich mit Salz an). Das Salzen kann trocken erfolgen (durch Aufstreuen oder Aufreiben des Salzes auf die Käselaibe), durch Eintauchen in ein Salzbad (Wannen mit Salzlösungen, in die die Laibe unterschiedlich lang eingetaucht werden) oder durch direkte Zugabe von Salz zur Milch oder zum Bruch.

Säuregehalt
Der Bestandteil der Milch an Säuren und Säuregruppen. Die Milchsäuregärung (die Produktion von Milchsäure aus der Laktose) und die Fettspaltung (Lipolyse) bewirken eine natürliche Zunahme des Säuregehalts. Dieser spielt eine grundlegende Rolle beim Gerinnungsprozess der Milch.

Schichtung
Ein Fehler, der hauptsächlich bei gekochten Hart- und Knetkäsesorten auftritt. Dabei löst sich der Teig schichtweise in der Form ab, was auf eine zu starke Gerinnung, die Verwendung von zu saurer Milch, zu starkes Salzen oder Pressen oder auch auf zu große Temperatursprünge während der Reifung zurückzuführen ist.

Schimmelpilze
Mikroorganismen (Eumyceten) vom Typ Aspergillus, Mucor, Penicillium, die als Saprophyten auf organischen Substanzen leben und dort eine Ausblühung hervorrufen, die – manchmal staubförmig – weiß, grau, grünlich oder auch schwarz sein kann (*siehe* Rinde mit Schimmelansatz *und* Erborinatura).

Schmelzkäse
Entsteht durch Einschmelzen von Käse, eventuell unter Zusatz von Milch, Rahm, Wasser und speziellen Salzen. Dieser Käse ist pasteurisiert und zeichnet sich durch einen kompakten, homogenen und sehr streichfähigen Teig aus.

Sterilisation (UHT)
Eine mindestens eine Sekunde dauernde Ultrahocherhitzung der Rohmilch auf eine Temperatur von nicht weniger als 135 °C. Nach einer solchen Behandlung darf die Milch während zwei Wochen keinerlei Veränderung aufweisen, wenn sie bei 30 °C gelagert wird. Die UHT-Sterilisation wird für Trinkmilch angewandt, um sie auch bei Zimmertemperatur haltbar zu machen.

Synärese
Die Gesamtheit der Phänomene, die zum Austritt der Molke aus dem Käsebruch führen. Die Synärese erfolgt bei der Labgerinnung einfacher als bei der Säuregerinnung, da sich bei letzterer die Kontraktion des Käsebruchs in geringerem Maße vollzieht.

Teigrand unter der Rinde
Der äußerste Rand des Käseteigs direkt unterhalb der Rinde, von besonders intensiver Farbe und ausgeprägtem Geschmack, bedingt durch stärkere chemische Oxidationsprozesse. Bei Weichkäsesorten finden am Teigrand unter der Rinde, ausgelöst durch die Oberflächen-Mikroflora, wichtige eiweißspaltende Prozesse statt.

Thermisation
Die mindestens 15 Sekunden dauernde Erhitzung der Rohmilch auf eine Temperatur zwischen 57 und 68 °C. Nach dieser Behandlung muss die Milch eine positive Reaktion auf den Phosphatasentest (Enzym) zeigen. Ziel ist die Begrenzung der nativen Milchflora, ohne deren Eigenschaften für die Käseherstellung zu sehr zu beeinträchtigen.

Trockenphase
Jene Verarbeitungsphase, bei der die Käselaibe für die Dauer von einigen Stunden bis zu einem Tag in einem warmen (24 bis 28 °C) und feuchten Raum ruhen, damit der Gärungsprozess und die Synärese vollendet werden können (Gorgonzola, Taleggio).

Weichkäse
Käsesorten, deren Wassergehalt mehr als 40 Prozent beträgt. Dazu gehören Frischkäsesorten, die zum sofortigen Verzehr bestimmt sind (Mozzarella, Robiola, Quartirolo usw.) sowie Käse mit mittlerer Reifedauer (Gorgonzola, Taleggio usw.).

Zerkleinern des Bruchs
Ein mechanischer Vorgang, bei dem die geronnene Milch zerkleinert wird, um die Trennung und den Austritt der Molke zu begünstigen. Dazu werden spezielle Geräte eingesetzt, die auf Italienisch *spino* (Rührgerät) oder *lira* (Käseharfe) heißen. Zunächst muss der Bruch grob zerkleinert werden, doch erst durch mehrmaliges Wiederholen des gleichen Vorgangs kann die gewünschte Feinkörnigkeit erzielt werden: walnuss- oder haselnussgroß für Frisch- und Weichkäse, maiskorngroß für Käse aus rohem Teig und gepressten Käse, reiskorngroß für gekochten Hartkäse.

Die
Käse Italiens

Die 30 DOP-Käse (Denominazione di Origine Protetta – geschützte Ursprungsbezeichnung)

Abruzzen und Molise
(Abruzzo e Molise)

Der Pecorino gehört zu den typischen Produkten dieser beiden Regionen der Wandertierhaltung, der Schäfer und der traditionellen Käsesorten. Spitzenqualität erreicht er vor allem in Farindola und in Capracotta, wo einer der ältesten Käse Italiens hergestellt wird.

KUHMILCH

Caciocavallo di Agnone

Die Milch wird auf 37 °C erhitzt und mit Lamm- oder Zicklein-Labpaste versetzt, je nachdem wie pikant das Endprodukt sein soll. Die Gerinnung ist nach etwa 50 Minuten abgeschlossen. Zunächst wird der Bruch grob geschnitten und die Molke entzogen, anschließend erfolgt die Zerkleinerung in winzige Körner. Dann lässt man die Masse einige Stunden in der heißen Molke (45 bis 50 °C) reifen. Nachdem die restliche Molke vom Bruch entfernt wurde, schneidet man den Teig in Scheiben, taucht ihn in 80 °C heißes Wasser und beginnt mit dem Kneten der Käsemasse. Sobald diese elastisch genug ist, wird sie zu dicken Birnen geformt, die anschließend für 12 bis 20 Stunden in ein Salzbad gelegt werden. Die Käse bindet man paarweise zusammen und lässt sie etwa 20 Tage in einem kühlen und gut belüfteten Raum reifen. Zu diesem Zeitpunkt beginnt die Phase der Ausreifung, die traditionell eine Zeitspanne von drei Monaten bis zu einem Jahr in natürlichen Höhlen bei konstanter Temperatur erfordert.

Lab: Lamm- oder Zicklein-Labpaste
Rinde: glatt, dünn, hart, hellbraun
Teig: kompakt, eventuell mit einigen wenigen Rissen, strohfarben von unterschiedlicher Intensität
Aussehen: rund, mit einem Durchmesser von 16–22 cm
Dicke/Gewicht: 18–28 cm / 1,5–3 kg
Ursprungsgebiet: die gesamte Region, insbesondere das nördliche Molise

SCHAFSMILCH

Formaggella del Sannio

Es handelt sich hier um eine neue Käsesorte, deren Herstellung sich jedoch an den traditionellen Verfahren dieser Gegend für die Pecorino-Produktion orientiert. Der Hersteller hat sich für die Süßgerinnung der Schafsmilch entschieden, damit das Aroma der Weiden so weit wie möglich erhalten bleibt. Man erwärmt die Milch bei niedriger Temperatur – weniger als 30 °C –, setzt wenig Labferment zu und lässt die Gerinnung mehrere Stunden andauern, bis der Teig gesäuert ist. Wenn der gewünschte Säuerungsgrad erreicht ist, wird eine grobe Zerkleinerung des Bruchs vorgenommen, damit der Käse eine gewisse Feuchtigkeit behält. Danach füllt man die Masse in Formen, presst sie leicht und taucht sie schließlich sehr kurz in ein Salzbad. Der Käse wird in feuchten und kalten Steinkellern gelagert, wo die Molke austreten und sich die Rinde bilden kann.

Lab: flüssiges Lamm- oder Kalbslab
Rinde: leicht runzelig aufgrund des natürlichen Austritts der Molke, von graubrauner Farbe
Teig: weich, feucht, kreideweiß
Aussehen: flache Ober- und Unterseite mit einem Durchmesser von 15–20 cm
Dicke/Gewicht: 4–6 cm / 500–700 g
Ursprungsgebiet: die Landschaft Sannio in der Region Molise

Marcetto

Der Name leitet sich von dem Wort *marcio* (= verdorben, verfault) ab und weist darauf hin, dass der Rohstoff für dieses Produkt aus verdorbenem Schafskäse besteht. Das Herstellungsverfahren beschränkt sich darauf, diesen Käse so vorzubehandeln, dass er weiterverarbeitet werden kann. Er wird in der gesamten Abruzzen-Region hergestellt, besonderer Beliebtheit erfreut sich jedoch der Marcetto aus dem nördlichen Teil der Provinz Teramo. Die vorgesehene Reifezeit liegt bei etwa einem Jahr. Der Teig ist leicht rosafarben, der Geschmack sehr pikant und der Geruch stark und durchdringend. Typisch für den Marcetto sind die weißen Maden, bei denen es sich um die Larven (in Italien umgangssprachlich *saltarelli* genannt) der Käsefliege *(Piophila casei)* handelt, die im Käse selbst entstehen.

Teig: cremig, von unterschiedlicher Konsistenz, weiß bis rosafarben
Ursprungsgebiet: die gesamte Abruzzen-Region

Schafsmilch

Pecorino Abruzzese

Die auf 38 °C erhitzte Schafsrohmilch wird mit Lab versetzt und etwa eine Stunde eingedickt. Mit den Händen wird die Masse grob zerkleinert, dann lässt man sie einige Minuten lang ruhen. Danach wird der Bruch mit den Händen gepresst, in kleine Siebkörbe gefüllt und erneut gepresst. Für das anschließende Überbrühen des Käses werden die Laibe einige Minuten in kochend heiße Molke getaucht. Auf diesen Vorgang folgen das Trocknen, das zwei Tage dauert, sowie das Salzen, das üblicherweise im Salzbad durchgeführt wird. Nach 20 Tagen der Lagerung in einem gut belüfteten und warmen Raum ist der Käse reif. Um den optimalen Reifungsgrad zu erzielen, werden die Laibe nach einem Monat des Affinierens mit Olivenöl bestrichen.

Lab: flüssiges Lamm- oder Zickleinlab
Rinde: hart, runzelig, von mehr oder weniger intensiver brauner Farbe, eventuell mit leichtem Schimmelansatz
Teig: kompakt, mit mehr oder weniger vielen Löchern, von strohgelber Farbe
Aussehen: flache Ober- und Unterseite mit einem Durchmesser von 14–22 cm
Dicke/Gewicht: 4–10 cm / 1–3 kg
Ursprungsgebiet: die gesamte Abruzzen-Region

SCHAFSMILCH

Pecorino del Parco

Das Herstellungsverfahren dieses Pecorino unterscheidet sich nicht sehr von dem der klassischen Schafskäsesorten der Abruzzen. Im Nationalpark (Parco) haben sich jedoch drei junge Erzeuger für die biologische Produktion entschieden, darum kann sich der Pecorino del Parco mit diesem Namen schmücken. Die Rohmilch wird auf 38 °C erwärmt, mit flüssigem Lammlab versetzt und 20 Minuten dickgelegt. Anschließend zerkleinert man den Bruch in haselnussgroße Stücke und lässt die Masse einige Minuten ruhen. Nachdem der Bruch bei 42 °C halbgekocht wurde, presst man ihn mit den Händen und drückt ihn, ebenfalls manuell, in die Siebkörbe. Im Gegensatz zu anderen Pecorinos wird dieser Käse nicht überbrüht, so dass er seinen typischen Geruch beibehält. Zum Salzen wird er in ein Salzbad getaucht. Die Reifung dieses Käses dauert mindestens 60 Tage.

Lab: flüssiges Lammlab
Rinde: hart, kompakt, glatt oder runzelig, von kastanienbrauner bis dunkelbrauner Farbe
Teig: kompakt, mit einigen Löchern, weiß bis strohfarben
Aussehen: flache Ober- und Unterseite mit einem Durchmesser von 14–20 cm
Dicke/Gewicht: 4–8 cm / 1–3 kg
Ursprungsgebiet: Nationalpark der Abruzzen

Schafsmilch

Pecorino del Sannio

Die Herstellung dieses Pecorino aus der Milch der Comisana-Schafe erfolgt in einem – verglichen mit dem italienischen Standard – eher atypischen Verfahren. Die zuvor gefilterte Rohmilch wird auf nur 30 °C erwärmt. Da nur sehr wenig Lab hinzugefügt wird, dauert das Dicklegen bis zu sechs Stunden, es handelt sich also um eine Milch-Lab-Gerinnung. Der Bruch wird bis auf Reiskorngröße zerkleinert, in die Formen gefüllt, mit den Händen gepresst und in der Fascera mehrmals gewendet. Sobald der Käse trocken ist, wird er gesalzen. Anschließend kommt er in eine feuchte und belüftete Höhle, in der er über einen Zeitraum von 50 bis 90 Tagen bleibt. In dieser Phase wird die Rinde regelmäßig geölt.

Lab: Lamm-Labpaste
Rinde: hart, leicht runzelig, von vorherrschender braunschwarzer Farbe
Teig: kompakt, fein, leicht blätterig, glänzend elfenbeinfarben
Aussehen: flache Ober- und Unterseite mit einem Durchmesser von 18–25 cm
Dicke/Gewicht: 4–6 cm / 1,3–1,7 kg
Ursprungsgebiet: die Landschaft Sannio in der Region Molise

SCHAFSMILCH

Pecorino di Capracotta

Ein Käse sehr alten Ursprungs, der schon von den Sanniten, einem Volk, das dieses Gebiet einst kolonisierte, hergestellt worden sein soll. Der auf 37 °C erwärmten Milch wird Lab beigefügt, und nach etwa 20 bis 30 Minuten, sobald der Bruch die gewünschte Konsistenz hat, wird er bis auf Reiskorngröße zerkleinert. Anschließend wird der Teig bei 42 bis 45 °C einige Minuten halbgekocht und in die Formen gefüllt. Sobald er überbrüht ist, wird eine Trockensalzung vorgenommen. Der Geruch ist sehr intensiv und der Geschmack nach Beendigung der Reifezeit pikant. Sehr beliebt ist das Braten und Frittieren dieses Käses.

Lab: Lamm- oder Zickleinlab in flüssiger Form oder als Paste
Rinde: hart, kompakt, von gelbbrauner Farbe
Teig: fett, hart, halbgekocht, von strohgelber Farbe
Aussehen: flache Ober- und Unterseite mit einem Durchmesser von 14–22 cm
Dicke/Gewicht: 4–9 cm / 1–2,5 kg
Ursprungsgebiet: die Orte Capracotta, Agnone, Carovilli, Vastogirardi, San Pietro Avellana, Pescopennataro

Schafsmilch

Pecorino di Farindola

Dieser Pecorino ist einer der ungewöhnlichsten Käse Italiens, da er wohl als einziger mit Schweinelab hergestellt wird, was ihm ein ganz besonderes Aroma verleiht. Bei der Herstellung kommt das klassische Verfahren für Pecorino zum Einsatz: Die Milch gerinnt in etwa 20 Minuten bei 36 bis 38 °C. Der Bruch wird bis auf Maiskorngröße zerkleinert, diese Masse dann halbgekocht, indem man kochend heißes Wasser zur Molke hinzufügt; anschließend wird der Bruch ausgesondert und in Siebkörbe aus Weiden gefüllt. Die Reifungsphase verlangt besondere Umsicht. Nachdem der Käse Form angenommen hat, wird er in feuchten und warmen Räumen auf Holzgittern zum Trocknen gelegt. Dort bleibt er die nächsten 20 bis 30 Tage, bis sich seine typische wächserne Oberfläche gebildet hat. Danach werden die Laibe in eine hölzerne Käsehorde gelegt, die je nach Feuchtigkeit oder Reifegrad geöffnet oder geschlossen wird. Hier werden die Käse regelmäßig mit nativem Olivenöl bestrichen, bis sie zur Ausreifung kommen.

Lab: flüssiges Schweinelab
Rinde: glatt, wächsern, von gelblich-brauner bis rötlicher Farbe
Teig: kompakt, mit wenigen Löchern, mehr oder weniger intensiv strohfarben
Aussehen: flache Ober- und Unterseite mit einem Durchmesser von 14–22 cm
Dicke/Gewicht: 4–8 cm / 1–3 kg
Ursprungsgebiet: die Orte Vestina und Cermignano am Osthang des Gran Sasso

Schafsmolke

Ricotta al fumo di ginepro

Aus der Molke, die bei der Herstellung von Pecorino anfällt, wird diese sehr schmackhafte und aromatische Ricotta hergestellt. Das Herstellungsverfahren ist klassisch: Die Molke wird auf 80 bis 90 °C erwärmt, eventuell unter Zugabe von etwas frischer Schafsmilch, wobei wichtig ist, dass die Mischung nicht zum Kochen kommt. Anschließend wird die an der Oberfläche schwimmende Masse abgeschöpft und in Siebkörbe gefüllt, in denen sie bleibt, bis sie vollständig abgetropft ist. Wenn sie trocken ist, wird sie gesalzen und etwa eine Woche lang affiniert. Nun kommt die Ricotta in einen geschlossenen Raum, in dem Wacholderholz *(ginepro)* verbrannt wird. Hier bleibt sie etwa 24 Stunden, bis sie das balsamische Räucheraroma des Wacholders angenommen hat. Dieses Produkt wird mit biologischer Molke hergestellt.

Teig: kompakt, von weißbrauner Farbe
Gewicht: 300–400 g
Ursprungsgebiet: Nationalpark der Abruzzen

Kuhmilch

Stracciata

Die Rohmilch wird auf 37 °C erhitzt und gerinnt dann mit Zusatz von Kalbslab in 20 bis 30 Minuten. Den auf Maiskorngröße zerkleinerten Bruch lässt man ein bis zwei Stunden abkühlen. Der reife Teig wird so geschnitten und gesponnen, dass Streifen aus Knetkäse entstehen, die, nachdem sie im Wasser gekühlt und ins Salzbad getaucht wurden, eingeschlagen und zu Stücken von etwa einem halben Kilogramm geformt werden. Es empfiehlt sich, die Stracciata sofort zu essen. Sie kann mit Wurst, Schinken, *soppressata* (einer Wurstart) und auch mit Salat, Tomaten oder Rucola serviert werden. Bewahrt man sie ein paar Tage auf, so wird sie streichfähig und entwickelt einen intensiven Geschmack.

Lab: Kalbslab in flüssiger Form oder als Paste
Teig: Knetteig, weich, elfenbeinfarben
Aussehen: glatt, flach
Dicke/Gewicht: 2 cm / 400–500 g
Ursprungsgebiet: der Ort Agnone und das gesamte Gebiet des nördlichen Molise

Aostatal
(Valle d'Aosta)

Ein einziger Käse vereint sämtliche Eigenschaften dieser Region in sich: Die Fontina ist der perfekte Ausdruck der territorialen Besonderheiten und der Geschichte dieses Tales sowie des Fleißes seiner Bewohner und ihrer Liebe zu den Bergen.

KUHMILCH

Fontina DOP

Es gibt verschiedene Erklärungen für die Herkunft des Namens Fontina. Manche vermuten, es handle sich um den Namen einer Sennerfamilie. Andere führen ihn auf die Alm Fontin, die zum Ort Quart gehört, oder auf die kleine Ortschaft Fontinaz zurück. Sicher ist, dass Fontina *der* Käse des Aostatals schlechthin ist. Seine Produktion gestaltet sich schwierig, vor allem, wenn er auf der Alm hergestellt wird. Die frische Rohmilch aus einer einzigen Melkung von rotbunten Kühen (man käst zweimal pro Tag) wird auf maximal 36 °C erhitzt und mit natürlichem oder flüssigem Lab in 20 bis 40 Minuten zur Gerinnung gebracht. Dann wird der Bruch gewendet und grob geschnitten. Nach einer kurzen Ruhezeit zerkleinert man ihn auf Reiskorngröße und kocht ihn anschließend halb. Sobald sich die Masse auf dem Boden abgesetzt hat, hebt man sie mit einem Tuch heraus, um sie in die Fascere zu füllen, deren Seiten eine charakteristische, leicht konvexe Form haben. Die Käselaibe werden etwa zwölf Stunden lang gepresst und häufig gewendet. Schließlich legt man sie in kalte Räume mit 85 Prozent Luftfeuchtigkeit, in denen sie täglich gewendet und alle zwei Tage gesalzen sowie gebürstet werden. Wenn die Rinde ihre typische bräunliche Farbe erlangt hat, schafft man die Fontina-Laibe zur Reifung in natürliche Räume (Höhlen, unterirdische Stollen, ehemalige Militärbunker – die örtliche Kooperative benutzt eine alte Kupfermine). Die Fontina affiniert in mindestens drei Monaten.

Lab: Kalbslab in flüssiger Form oder als Paste, selten in Häutchen
Rinde: kompakt, dünn, dunkelgelb oder rotbraun
Teig: weich, butterig, schmelzend, mit einer leichten Lochung («Pfauenauge»), von strohgelber bis tiefgelber Farbe
Aussehen: flache Ober- und Unterseite mit einem Durchmesser von 30–45 cm
Dicke/Gewicht: 7–10 cm / 8–18 kg
Ursprungsgebiet: das gesamte Aostatal
DOP vom 12.06.1996, Verordnung Nr. 1107

Das Markenzeichen dieses berühmten Käses ist der Umriss des Matterhorns. Wie auf der Abbildung zu sehen ist, weist der Teig eine leichte Lochung auf.

KUHMILCH

Réblèque

Bei diesem Käse muss man zwischen der Variante unterscheiden, die von den Molkereien aus der oberen Schicht des Bruchs hergestellt wird, und jenem authentischen Réblèque, der in kleinen Handwerksbetrieben in einem recht komplexen Verfahren erzeugt wird. Der Rahm an der Oberfläche wird abgeschöpft und auf 35 bis 40 °C erhitzt. Man fügt so viel Lab wie notwendig hinzu, damit die verwendete Sahne in etwa anderthalb Stunden gerinnt. Im Anschluss wird die gesamte Masse in ein Tuch gefüllt, das man in einem lauwarmen, feuchten Raum in ein Gefäß mit Löchern legt. Dadurch kann die Molke gut abfließen, während der Bruch feucht genug bleibt und gleichzeitig reifen kann. Der Réblèque muss innerhalb von zwei bis drei Tagen nach der Gerinnung verzehrt werden. Meist wird er mit Zucker oder Zimt bestäubt. Der frühere italienische Präsident Einaudi, der seinen Urlaub gerne in By, einem Ort in der Valpelline, verbrachte, schätzte diesen Käse sehr.

Lab: flüssiges Kalbslab
Teig: cremig, weich, noch feucht von der Molke
Dicke/Gewicht: unterschiedlich
Ursprungsgebiet: das gesamte Aostatal, wobei Réblèque fast ausschließlich auf der Alm hergestellt wird

Salignon

Eigentlich ist der Salignon kein Käse im klassischen Sinne, sondern eine Art Ricotta. Er gehört der germanischen, insbesondere der Walser Tradition an. Für die Herstellung verwendet man frische, recht fettreiche Ricotta, bei deren Erzeugung der Molke Milch oder Rahm hinzugefügt wurde, und drückt sie durch ein Sieb. Anschließend wird der Teig mit Salz und Paprikapulver (das dem Teig die typische intensive rosarote Farbe und den pikanten Geschmack verleiht) vermischt und geknetet. Bisweilen werden auch wildwachsende Kräuter oder getrocknete Weidenblumen beigemischt. Aus dieser aromatisierten Masse werden Kugeln geformt, die man dann im Rauchfang trocknet und leicht räuchert. Es gibt auch einen ungeräucherten Salignon, dem zusätzlich Knoblauch beigemischt wird. Das Original ist hauptsächlich zum Eigenverzehr gedacht und daher schwer erhältlich. Es schmeckt hervorragend zu Bier.

Teig: brüchig, fettreich, meist mit Kräutern und Gewürzen aromatisiert
Gewicht: unterschiedlich
Ursprungsgebiet: die Orte im Tal von Gressoney, in denen deutscher Dialekt gesprochen wird

Valle d'Aosta Fromadzo DOP

Dieser fettarme Käse wird in der Regel mit Kuhmilch aus zwei Melkungen hergestellt. Dabei lässt man die Milch stehen und entrahmt sie durch Aufrahmung. Mancherorts wird auch Schafs- und/oder Ziegenmilch beigemischt. Bei der halbfetten Variante lässt man die Milch 12 bis 24 Stunden ruhen, für die fast fettlose Sorte 36 Stunden. Nach der Teilentrahmung wird die Milch auf 34 bis 36 °C erwärmt und mit Kalbslab dickgelegt. Sobald die Masse gerinnt, wird die Temperatur auf 45 °C erhöht und der Bruch auf Reiskorngröße geschnitten. Anschließend füllt man ihn in spezielle Formen ohne Böden (die so genannten *feitichie*), in denen er leicht gepresst und drei- bis viermal am Tag gewendet wird. Danach werden die Käselaibe entweder trocken gesalzen (zunächst alle zwei Tage, später seltener) oder 20 bzw. 30 Tage in ein Salzbad gelegt, wobei sie ständig mit Salz und Wasser gewaschen werden. Nach der Salzung lässt man die Käselaibe in Räumen mit kontrollierter Temperatur und bei 60 Prozent Luftfeuchtigkeit drei Monate bis ein Jahr lang ausreifen. Der Valle d'Aosta Fromadzo (für den auch eine Bezeichnung in französischer Sprache erlaubt ist) hat eine strohgelbe Rinde, die mit der Zeit gräulich wird und rötliche Nuancen aufweist. Der Teig ist kompakt, mit verstreuten kleinen bis mittelgroßen Löchern. Bei der fettarmen Sorte beträgt der Fettanteil in der Trockenmasse weniger als 20 Prozent, bei der halbfetten dagegen 20 bis 35 Prozent. Gemäß den Bestimmungen kann Fromadzo auch mit Samen oder Kräutern aromatisiert werden.

Lab: flüssiges Kalbslab
Rinde: ziemlich fest, je nach Reifegrad strohgelb bis rötlich-grau
Teig: kompakt, elastisch, mit einer leichten Lochung, milchweiß bis tiefgelb
Aussehen: flache Ober- und Unterseite mit einem Durchmesser von 15–30 cm
Dicke/Gewicht: 5–20 cm / 1–7 kg
Ursprungsgebiet: das gesamte Aostatal
DOP vom 01.07.1996, Verordnung Nr. 1263

Nach einer langen Zeit, in der er beinahe verschwunden war, nimmt die Produktion dieses klassischen Almkäses glücklicherweise wieder zu.

Apulien
(Puglia)

Die Cacioricotta, fast ein Symbol dieser Region, ist eine Käsespezialität, die die Eigenschaften von Ricotta und Ziegenkäse vereint. Apulien bietet daneben aber auch andere vorzügliche Käse wie Burrata, Canestrato und Podolico del Gargano.

Kuhmilch

Burrata

Die Burrata wird ähnlich wie Mozzarella hergestellt. Beide unterscheiden sich aber durch jene Phase, in der der Käseteig «gezogen» wird, und auch durch die Füllung der Burrata. Um den typischen «Beutel» zu formen, nimmt man etwas Knetkäse, den man so lange modelliert, bis er die gewünschte Form erlangt hat. Danach füllt man diese Hülle mit einer Mischung aus Molkecreme und «gezogenem» Knetkäseteig (die Molkecreme stammt vom Zentrifugieren der nach der Herstellung von Mozzarella übrig gebliebenen Molke). Anschließend wird der Beutel mit einem Knoten geschlossen (dieses Verfahren wird unter Verwendung des heißen Wassers, das für das Kneten des Teigs benutzt wurde, durchgeführt). Nun wird die Burrata für einige Minuten in ein Salzbad getaucht und später für den Verkauf in Plastiktüten bzw. -schalen oder in Pergamentpapier verpackt. Die Burrata schmeckt mild und butterig, ihre Oberfläche ist glatt und von glänzender, weißer Farbe.

Lab: flüssiges Kalbslab
Teig: weist eine doppelte Struktur auf: eine Hülle aus Knetkäse mit einer Füllung aus Molkecreme
Aussehen: glatte Oberfläche mit einem Durchmesser von 10–20 cm
Gewicht: 0,5–1 kg
Ursprungsgebiet: die Orte Andria und Martina Franca

Schafsmilch

Caciofiore

Dieser Käse blickt auf keine lange Tradition zurück, denn er wird erst seit etwa 30 Jahren hergestellt. Der pasteurisierten Milch werden Lab sowie ausgesuchte Fermente hinzugefügt. Nach dem Zerkleinern wird der Bruch auf dem Kesselboden gesammelt, geformt und am nächsten Tag in einem Salzbad gesalzen. Die Rinde ist sehr dünn, der Teig weiß und weich, er duftet mild und butterig. Nach einer kurzen Reifung wird der Caciofiore als Tafelkäse verzehrt.

Lab: flüssiges Kalbslab
Rinde: glatt oder runzelig, strohfarben
Teig: roh, weich, elfenbein- oder sahneweiß
Aussehen: flache Ober- und Unterseite mit unterschiedlichem Durchmesser
Dicke/Gewicht: 3–4 cm / 0,4–1,5 kg
Ursprungsgebiet: die gesamte Provinz Foggia

Cacioricotta

Die Cacioricotta ist einer der berühmtesten Käse Süditaliens. Sie wird in Apulien, in der Basilikata und im Cilento hergestellt. Der Name Cacioricotta (*cacio* = Käse) stammt wohl von der Herstellungsmethode, denn die Milch wird zunächst auf 85 bis 90 °C erhitzt und dann auf 37 °C abgekühlt, wodurch sowohl die Milch als auch das Molkeeiweiß gerinnen. Der Bruch wird dann zum Abtropfen der Molke in spezielle Siebkörbe *(fiscelle)* gelegt und am nächsten Tag gesalzen. Junge Cacioricotta hat einen elfenbeinweißen und weichen Teig, gereifte dagegen einen goldgelben, harten, kompakten Teig und schmeckt würzig. Cacioricotta sieht fast wie Ricotta aus. Sie kann als junger Käse zusammen mit Antipasti oder als Beilage zum Hauptgericht und gereift als Reibkäse verzehrt werden.

Lab: Lamm- oder Zicklein-Labpaste
Rinde: gefurcht, von weißbrauner Farbe
Teig: roh, weich oder hart, kompakt, ohne Lochung, weißbraun
Aussehen: flache Ober- und Unterseite mit einem Durchmesser von 13–20 cm
Dicke/Gewicht: 6–9 cm / 0,5–2 kg
Ursprungsgebiet: die gesamte Region Apulien

Canestrato Pugliese DOP

Dieser Käse ist mit der apulischen Käsereitradition und insbesondere dem Brauch der Wandertierhaltung eng verbunden, der bis in die 1950er Jahre fast unverändert praktiziert wurde. Das Ursprungsgebiet umfasst die gesamte Provinz Foggia sowie die Orte Canosa, Cassano, Altamura, Minervino, Ruvo di Puglia, Bitonto, Andria, Murge, Terlizzi, Toritto, Poggiorsini, Grumo Appuale, Coroto, Gravina di Puglia, Santeramo und Spinazzola. Canestrato Pugliese DOP wird aus roher Schafsmilch zweier Melkungen hergestellt; die Milch selbst stammt von Schafen, die nur mit Frischfutter ernährt werden. Sie wird auf 37 °C erwärmt, dann gibt man flüssiges Lab hinzu und lässt sie 20 Minuten gerinnen. Nach dem Zerkleinern wird der Bruch meist bei 42 °C halbgekocht und in Binsenkörbe *(canestri)* gefüllt, anschließend von Hand gepresst, in heißer Molke überbrüht und am nächsten Tag mit grobem Meersalz trocken gesalzen. Die Reifung erfolgt auf Holztischen in natürlichen Höhlen oder in kühlen, trockenen Kellern und kann bis zu zehn Monaten dauern. Die Rinde wird während der Reifung mit Olivenöl (manchmal mit Weinessig) behandelt und ist goldfarben, der Teig strohgelb und kompakt, mit kleinen Löchern. Der Canestrato schmeckt würzig. Er wird vor allem als Reibkäse für viele Nudelgerichte, wie Orecchiette, Capunti usw., aber auch für andere typische Speisen der Region, etwa geschmorte Artischocken mit Lampascioni (kleine, kräftige Zwiebeln) oder Lammrouladen verwendet.

Lab: flüssiges Kalbs- oder Lammlab
Rinde: kompakt, hart, runzelig, gelb oder braun
Teig: bröckelig, hart, mit sehr feiner Lochung, strohfarben bis tiefgelb
Aussehen: flache Ober- und Unterseite mit einem Durchmesser von 14–34 cm
Dicke/Gewicht: 10–14 cm / 2–14 kg
Ursprungsgebiet: die gesamte Provinz Foggia sowie einige angrenzende Orte
DOP vom 12.06.1996, Verordnung Nr. 1107

Der Name dieses Käses stammt von der Tradition, ihn in Binsenkörben (canestri) *zu formen. Auf der Rinde ist das Korbmuster gut sichtbar.*

Fallone di Gravina

Im lokalen Dialekt bezeichnet das Wort *fallone* einen hohlen, unbedeutenden Menschen. Vielleicht wird dieser vorzügliche Frischkäse wegen seiner Vergänglichkeit so genannt, denn er muss innerhalb eines Tages verzehrt werden. Seit einigen Jahrhunderten stellen Hirten und Käser den Fallone mit Rohmilch her, heute verwenden Handwerksbetriebe pasteurisierte Milch. Die Mischung ist allerdings gleich geblieben: Man nimmt vorwiegend Schafsmilch, die mit 10 bis 15 Prozent Ziegenmilch vermischt wird, was dem Fallone eine leichte Würze verleiht. Die Milch wird zunächst auf 40 °C erwärmt, dann wird das Lab beigemischt, das mindestens ein Jahr alt sein und zuvor in lauwarmem Wasser aufgelöst werden sollte. Nach etwa 15 Minuten wird der Bruch fein zerkleinert, von der Molke getrennt, kräftig von Hand gepresst und je nach gewünschter Größe aufgeteilt. Die einzelnen Stücke legt man in spezielle Formen (früher aus Binsen und heute aus Kunststoff). In Gravina produzieren zwar alle Käsereien den Fallone, wegen seiner geringen Haltbarkeit stellen sie ihn aber nur auf Bestellung her.

Lab: flüssiges Kalbslab
Teig: weiß, weich, fettreich und kompakt
Aussehen: flache Ober- und Unterseite mit einem Durchmesser von 15–20 cm
Dicke/Gewicht: 10 cm / 0,5–2 kg
Ursprungsgebiet: der Ort Gravina di Puglia sowie das umliegende Gebiet

Kuhmilch

Fior di latte

Die pasteurisierte Milch wird mit Milch- oder Molkekulturen beimpft sowie mit flüssigem Kalbslab vermischt. Nach dem Zerkleinern des Bruchs und dem Abscheiden der Molke wird die Masse, sobald sie sich gut kneten lässt, geschnitten und bearbeitet. Die Salzung erfolgt üblicherweise durch Eintauchen in ein Salzbad. Der Fior di latte ist weiß, hat eine elastische Konsistenz und wird entweder als Tafelkäse verzehrt oder zum Kochen verwendet, vor allem als Zutat zu Pizza. Sein Name (= Milchblüte) hilft, die aus Büffelmilch hergestellte Mozzarella von der aus Kuhmilch erzeugten zu unterscheiden.

Lab: flüssiges Kalbslab
Rinde: extrem dünne Haut
Teig: Knetkäse, weich, feucht, sahneweiß
Aussehen: rundlich und glatt
Dicke/Gewicht: unterschiedlich / 50–500 g
Ursprungsgebiet: die gesamte Region Apulien

Kuhmilch

Podolico del Gargano

Die Milch wird in Kesseln auf 37 °C erwärmt und entweder mit flüssigem Kalbslab oder mit Zicklein-Labpaste dickgelegt. Nach etwa 30 Minuten zerkleinert man den Bruch fein, hebt ihn dann heraus und lässt ihn abtropfen. Die Molke soll dabei aber nicht vollständig austreten, man erwärmt vielmehr einen Teil, um Ricotta herzustellen, und gibt sie dann bei einer Temperatur von 60 bis 65 °C (was die Reifung begünstigt) wieder zum Bruch, der in der Zwischenzeit erneut zerkleinert wurde. Dieser Vorgang wird zwei- bis dreimal wiederholt. Nach einigen Stunden wird der Bruch geschnitten und geformt. Die entstandenen Caciocavallo-Käse werden dann 24 bis 48 Stunden lang in ein Salzbad gelegt und müssen anschließend in Kellern reifen. Lang gereifte Käselaibe sind besonders geschätzt. Ihr Teig ist hart, sie haben eine intensive strohgelbe Farbe und schmecken würzig. Podolico del Gargano wird als Tafelkäse verzehrt und passt gut zu vollmundigem Rotwein.

Lab: flüssiges Kalbslab oder Zicklein-Labpaste
Rinde: glatt und dünn, wird mit der Reifung dicker
Teig: Knetkäse, roh, kompakt, fast ohne Lochung; bei der halbgereiften Sorte ist der Teig elastisch, bei der gereiften wird er hart und bröckelig
Aussehen: rund, glatt, der größte Durchmesser beträgt 15 cm
Dicke/Gewicht: 30 cm / 1,5–2,5 kg
Ursprungsgebiet: die gesamte Gargano-Halbinsel in der Provinz Foggia

Ricotta forte

Ricotta forte wird durch Erhitzen von Molke aus Schafs- oder Kuhmilch auf etwa 90 °C hergestellt. Die so gewonnene Ricotta, die sich an der Oberfläche absetzt, lässt man einige Minuten lang ruhen, damit sie fester wird, um dann abgeschöpft und in Formen gefüllt zu werden. Nach einigen Tagen, sobald sie sauer geworden ist, gibt man sie in Gefäße aus Terrakotta, die in einen kühlen, feuchten Raum gestellt werden. Normalerweise wird diese Ricotta über einen Zeitraum von drei bis vier Monaten jeden zweiten oder dritten Tag geknetet. Ricotta forte hat eine dunkle, elfenbeinweiße Farbe, einen scharfen Geruch und schmeckt würzig. Sie wird sehr oft zum Kochen verwendet, um Nudelgerichte, Bohnensuppen, *cavatelli al ragù* usw. zu würzen. Man kann sie aber auch auf geröstete Brotscheiben streichen.

Teig: fettreich, weich und cremig, weißbraun
Dicke/Gewicht: unterschiedlich
Ursprungsgebiet: die Provinz Lecce sowie einige Gebiete der Provinzen Brindisi, Tarent und Bari

Scamorza di pecora

Nachdem man die Milch mittels Lab zur Gerinnung gebracht hat, wird der Bruch geschnitten, 10 bis 15 Minuten auf 40 bis 45 °C nachgewärmt und somit halbgekocht. Nach etwa 24 Stunden, wenn der Teig die gewünschte Reifung erlangt hat, wird er geknetet und geformt. Man kühlt die Scamorza-Käse in kaltem Wasser und legt sie dann in ein Salzbad, wobei die Dauer der Salzung von der Größe des Käses abhängt. Scamorza kann frisch oder nach einer kurzen Reifung verzehrt werden. Gereifte Scamorza hat eine dünne Schale, der Teig ist nicht so elastisch, dafür aber fester. Aus diesem Grund kann sie als Reibkäse oder als Zutat für ein typisches apulisches Gericht, *Quagghiaridde,* und für Gemüsegerichte verwendet werden.

Lab: flüssiges Kalbslab
Rinde: glatte, dünne Schale, weißbraun oder strohfarben
Teig: Knetkäse, elastisch oder kompakt, halbgekocht, butterig, ohne Lochung, elfenbeinweiß
Aussehen: birnenförmig, glatt, 10–16 cm hoch
Dicke/Gewicht: 6–12 cm / 300–700 g
Ursprungsgebiet: die gesamte Provinz Bari

Basilikata
(Basilicata)

In der Basilikata setzt man sich besonders nachdrücklich für den Erhalt lokaler Käsesorten ein. Wenn diese Region auch keine reiche Käsetradition aufzuweisen hat, so kann sie sich doch einiger ausgefallener Sorten rühmen, darunter des in Farnblätter eingewickelten Casieddu, der der Cacioricotta ähnelt.

KUHMILCH

Burrino

Der Burrino besteht außen aus einer Knetkäsehülle und innen aus Butter, die aus Molke gewonnen wurde. Diese Butter wird von Hand in sehr kaltem Wasser verarbeitet, zum Verfestigen gekühlt und schließlich in die Hülle aus Knetkäse gefüllt. Der so entstandene Laib wird am oberen Ende verknotet und durch Eintauchen in sehr heißes Wasser am Knoten versiegelt. Bei einem anderen Verfahren wird der Käse halbgekocht, indem der Bruch mit Molke oder heißem Wasser erhitzt wird. Der Burrino ist innen elfenbeinfarben bis gelb und außen strohgelb. Er weist eine cremige Konsistenz auf und verströmt einen intensiven Geruch. Besonders geschätzt ist Burrino aus der Milch der Podolica-Kühe.

Lab: flüssiges Kalbslab
Rinde: glatt, dünn, glänzend, von strohgelber Farbe
Teig: fettreich, außen elastisch, innen cremig
Aussehen: glatte Oberfläche mit einem Durchmesser von 6–10 cm
Dicke/Gewicht: maximal 15 cm / 250–500 g
Ursprungsgebiet: das gesamte Lukanien

ZIEGENMILCH

Casieddu

Obwohl seine historischen Ursprünge nicht belegt sind, geht man davon aus, dass es sich beim Casieddu um eine Variante der traditionsreicheren Cacioricotta handelt. Die Milch zweier Melkungen wird zusammen mit Farnblättern gefiltert und im Anschluss durch das – nur wenige Minuten dauernde – Einhängen eines mit Katzenminze gefüllten Säckchens gewürzt. Bei Katzenminze *(Calamintha nepeta savi)* handelt es sich um ein sehr aromatisches Kraut aus der Familie der Lippenblütler mit bakterientötenden Eigenschaften. Nun wird die Milch zum Kochen gebracht und, sobald sie auf 40 °C abgekühlt ist, mit Zickleinlab versetzt. Nach der Gerinnung zerkleinert man den Bruch sehr fein und formt ihn mit den Händen zu Kugeln. Für den Verkauf als Frischkäse wird der Casieddu mit Farn umwickelt.

Lab: Zicklein-Labpaste
Rinde: hart, von graugelber Farbe
Teig: roh, je nach Reifegrad weich oder hart, von strohgelber bis weißer Farbe
Aussehen: glatte Oberfläche mit einem Durchmesser von 10–15 cm
Gewicht: 400–500 g
Ursprungsgebiet: die hügeligen Gebiete und das Mittelgebirge des Val d'Agri, insbesondere die Gegend von Moliterno

Kuhmilch

Fior di latte

Der Name Fior di latte (= Milchblüte) hilft, Kuhmilch-Mozzarella von Büffelmilch-Mozzarella zu unterscheiden. Die Rohmilch oder pasteurisierte Milch wird mit Milch- oder Molkeimpfkulturen vom Vortag und anschließend mit flüssigem Kalbslab versetzt. Nach abgeschlossener Gerinnung wird der Bruch zerkleinert und auf einem Holz- oder Stahltisch ausgebreitet, damit die Molke abtropfen kann. Wenn sich der Bruch für die Herstellung von Knetkäse eignet, zerschneidet man ihn zur weiteren Verarbeitung. Der Käse wird normalerweise im Salzbad gesalzen und kann bereits nach einigen Stunden verzehrt werden. Er ist weiß und seine Konsistenz elastisch. Entweder serviert man ihn als Tafelkäse oder verwendet ihn als Zutat zu verschiedenen Speisen, darunter beispielsweise die Pizza.

Lab: flüssiges Kalbslab
Teig: Knetkäse, weich, von sahneweißer Farbe
Aussehen: glatte Oberfläche
Dicke/Gewicht: unterschiedlich / 50–500 g
Ursprungsgebiet: das gesamte Lukanien

KUHMILCH

Pallone di Gravina

Früher wurde dieser Käse in der Provinz Bari, insbesondere in der Gegend um Gravina produziert – daher der Name. Heute konzentriert sich die Herstellung vor allem auf die Provinz Matera. Das Herstellungsverfahren ähnelt dem des Caciocavallo: Nachdem die Milch geronnen und der Bruch entstanden ist, wird dieser auf dem so genannten *tompagno,* einem speziellen Tisch für das Kneten von Teig, ausgebreitet, damit die Molke austreten kann. Sobald der Teig den gewünschten Säuregrad erreicht hat – im Allgemeinen nach zwei bis drei Stunden –, wird er in dünne Scheiben geschnitten und in heißem Wasser geknetet. Dabei erhält er seine typische Kugelform (*pallone* = Ball). Nach dem Salzen im Salzbad lässt man die «Bälle» etwa 15 Minuten direkt am Herstellungsort trocknen und anschließend im Keller reifen. Der Pallone di Gravina wird als Tafelkäse serviert und ist besonders geschätzt, wenn er mindestens ein Jahr gereift ist.

Lab: Kalbs- oder Zickleinlab in flüssiger Form oder als Paste
Rinde: hart, glatt, kompakt, strohfarben bis braun oder graubraun mit zunehmender Reife
Teig: Knetkäse, roh, glatt, strohfarben bis goldgelb mit zunehmender Reife, eventuell geringe Lochung
Aussehen: glatte Oberfläche
Gewicht: 1,5–2,5 kg
Ursprungsgebiet: die gesamte Provinz Matera

Schafs- und Ziegenmilch

Pecorino di Filiano

Aus schriftlichen Zeugnissen geht hervor, dass die Tradition dieses Käses bis in die Zeit des Regno di Napoli (1816–1860) zurückreicht. Die Milch wird auf 35 bis 40 °C erhitzt und mit Zicklein- und/oder Kalbslab aus eigenem Betrieb zur Gerinnung gebracht. Nach 20 bis 40 Minuten zerkleinert man den Bruch mit Hilfe eines Holzwerkzeugs *(scuopolo)* und füllt ihn mit den Händen in Binsenkörbe (je fünf bis sechs Kilogramm). Nach dem Überbrühen in heißer Molke wird der Käse zunächst in ein Salzbad getaucht und anschließend zum Reifen in den Keller gelegt. Die Rinde ist goldgelb, der kompakte Teig weiß bis strohgelb. Der Pecorino di Filiano passt gut zu Rotweinen, etwa einem Aglianico del Vulture, einem Rosso Canosa oder einem Rosso di Barletta.

Lab: Lamm- oder Zicklein-Labpaste
Rinde: hart, runzelig, unregelmäßig, weiß bis ziegelbraun
Teig: kompakt, mit kleinen Löchern, weiß bis strohfarben
Aussehen: flache Ober- und Unterseite mit einem Durchmesser von 10–30 cm
Dicke/Gewicht: 8–20 cm / 2–6 kg
Ursprungsgebiet: die Orte Pescopagano, Castelgrande, Rapone, Atella, Ruoti, Ripacandida und das Vulture-Gebiet sowie das Seengebiet von Monticchio

Pecorino di Moliterno

Der Bruch, der aus der Labgerinnung der Rohmilch entsteht, wird in die typischen Binsenkörbe gefüllt und so lange von Hand gepresst, bis er fest genug ist. Die so geformten Käselaibe werden wenige Minuten in heißer Molke überbrüht und 15 bis 30 Tage lang trocken gesalzen. Anschließend legt man sie in kühlen und trockenen Räumen auf Holzbrettern zum Reifen aus, wobei sie regelmäßig gewendet und mit Öl und Essig bestrichen werden. Die Rinde ist hart und rötlich-gelb, mit typischen, von den Binsenkörben stammenden Rillen. Der Teig ist weich, weiß oder leicht strohfarben, der Geschmack leicht pikant. Der fettreichere, im Winter hergestellte Käse wird besonders geschätzt.

Lab: Zicklein- oder Lamm-Labpaste
Rinde: hart, runzelig, gelb mit braunen und roten Sprenkeln
Teig: roh, kompakt, weich und fettreich, elfenbeinfarben oder braun
Aussehen: flache Ober- und Unterseite mit einem Durchmesser von 20 cm
Dicke/Gewicht: 10 cm / 2–3 kg
Ursprungsgebiet: die Gebirgsorte des Val d'Agri

Kuh- und/oder Schafs- und/oder Ziegenmolke

Ricotta

Die Bezeichnung «Ricotta» geht auf das lateinische *recoctus* zurück und bedeutet «erneut gekocht», was sich auf das wiederholte Kochen der Molke bezieht. Die aus der täglichen Käseverarbeitung übrig gebliebene Molke wird auf etwa 85 °C erhitzt, eine Temperatur, bei der sich die Molkeeiweiße flöckchenweise abtrennen und auf der Oberfläche absetzen. Die Ricotta wird mit einer Lochkelle geschöpft und in Siebkörbe gefüllt, damit die Flüssigkeit austreten kann, ein Vorgang, der drei bis vier Stunden dauert. Danach kann das Produkt bereits verkauft werden. Um die Produktionsmenge zu erhöhen, fügt man mitunter bei einer Temperatur von etwa 60 °C eine kleine Menge Vollmilch zur Molke hinzu. Die Ricotta wird auch (trocken) gesalzen und kann nach 15 bis 30 Tagen Reifung sogar gerieben werden – als Tafelkäse oder als Zutat zu Nudelgerichten und Süßspeisen.

Teig: weich und bröckelig
Aussehen: unterschiedlich
Dicke/Gewicht: 8–12 cm / etwa 500 g
Ursprungsgebiet: das gesamte Lukanien

Emilia Romagna

Der Parmigiano Reggiano ist einer der bekanntesten Käse Italiens, und für seine Herstellung wird ein Großteil der in dieser Region produzierten Milch verwendet. Aber in der Emilia gibt es noch andere hervorragende Käsesorten, vor allem Weichkäse wie den Ravaggiolo, die Casatella und den Squaquarone.

Casatella Romagnola

Schon der Name dieses Frischkäses verweist auf die Tradition, ihn in eigener Regie zu Hause herzustellen (*casa* = Haus). Heute produziert man ihn durchweg mit pasteurisierter Milch, die zunächst auf 37 °C erhitzt und dann mit Lab und Milchfermenten versetzt wird. Nachdem der Bruch walnussgross zerkleinert ist, lässt man ihn einige Minuten ruhen, bevor man ihn weiter zerkleinert. Dann füllt man ihn in die Fascere und lässt ihn erneut in 20 bis 22 °C warmen Räumen ruhen, damit die Molke austreten kann. Das Salzen wird trocken oder im Salzbad vorgenommen, danach reifen die Laibe eine Woche bei 4 °C in Kühlräumen.

Lab: flüssiges Kalbslab
Rinde: beim Frischkäse nicht vorhanden, mit zunehmender Reife elfenbeinfarben bis gelb
Teig: weich, weiß
Aussehen: runde, regelmäßige Ober- und Unterseite, wobei die Oberseite leicht gewölbt ist
Dicke/Gewicht: 5 cm / 0,2–2 kg
Ursprungsgebiet: die gesamte Romagna

Schafs- oder Kuhmilch

Formaggio di fossa

Beim Formaggio di fossa («Grubenkäse») ist nicht das Herstellungs-, sondern das Affinageverfahren entscheidend. Die aus Schafs- oder Kuhmilch hergestellten Käselaibe werden im Ort Sogliano für etwa drei Monate in Gruben gelegt. Dabei handelt es sich um alte, je zwei Meter breite und hohe Schächte von ovalem Grundriss, die ins Tuffgestein eingelassen sind und früher zum Speichern von Getreide genutzt wurden. Ende August werden die Laibe in Leinensäcken in den Gruben vergraben und nach drei Monaten, und zwar am 24. November, dem Tag der heiligen Katharina, wieder ausgegraben. Während der Affinage sind die Gruben mit Holzdeckeln verschlossen und mit Gipspaste versiegelt, wodurch eine konstante Temperatur von 21 °C, eine nahezu hundertprozentige Luftfeuchtigkeit und eine minimale Luftzirkulation gewährleistet sind. Der Käse entwickelt unter diesen Bedingungen einen leicht bitteren Geruch, der an Unterholz, Pilze und Trüffel erinnert. Dieses Verfahren macht ihn zudem sehr leicht verdaulich.

Lab: unterschiedlich, je nach ursprünglicher Käsesorte
Rinde: weich, von verschiedenen grünen, gelblichen und weißen Schimmelpilzen bedeckt
Teig: locker, blätterig, bröckelig, von unterschiedlicher, schmutzigweißer bis strohgelber und haselnussbrauner Farbe
Aussehen: glatte Ober- und Unterseite
Gewicht: unterschiedlich
Ursprungsgebiet: Sogliano sul Rubicone

Parmigiano Reggiano DOP

Der Schriftsteller Alberto Savinio (1891–1952) schrieb, dass der Parmesan unter den Käsen jene Rolle einnimmt, die der Kontrabass bei den Saiteninstrumenten spielt. Er ist der «Grundkäse» schlechthin und zweifellos der bekannteste überhaupt, sowohl in Italien als auch im Ausland. Die Milch für den Parmigiano Reggiano wird zweimal am Tag gemolken und sofort in die Käsereien gebracht. Diejenige der Abendmelkung wird in niedrige und breite Wannen geschüttet, so dass sich das Fett an der Oberfläche absetzen kann. Am darauf folgenden Morgen wird es entfernt und die Magermilch mit der Vollmilch der Morgenmelkung gemischt, anschließend in kegelstumpfförmige Kessel gefüllt. Diese Mischung versetzt man mit jenen Milchfermenten, die dadurch entstehen, dass man die Molke aus der Käseverarbeitung vom Vortag auf natürlichem Weg sauer werden lässt (Molkeimpfkultur). Dann erwärmt man die Milch auf 33 bis 34 °C und bringt sie durch Hinzugabe von Lab in zehn bis zwölf Minuten zur Gerinnung. Nun wird der Bruch sehr fein, maximal bis auf Linsengröße, zerkleinert und auf etwa 55 °C erhitzt. Anschließend kommt er in die Fascere, in denen man ihn zwei bis drei Tage ruhen lässt, damit er trocknen kann. Anschließend werden die Laibe bei 16 bis 18 °C etwa 24 Tage in ein gesättigtes Salzbad gelegt. Jetzt beginnt die Reifephase, die mindestens zwölf Monate dauert, aber auch deutlich länger sein kann. Der Parmigiano Reggiano wird im gesamten Gebiet der Provinzen Modena, Reggio Emilia und Parma sowie in den am linken Ufer des Reno gelegenen Orten der Provinz Bologna und den am rechten Ufer des Po gelegenen Orten der Provinz Mantua hergestellt.

Lab: flüssiges Kalbslab
Rinde: unterschiedliche Farbe von goldgelb bis braun, etwa 6 cm dick, leicht geölt
Teig: von elfenbein- bis strohfarben schwankender Farbe, feinkörnige, blättrige Struktur und kaum sichtbare Lochung
Aussehen: flache Ober- und Unterseite mit einem Durchmesser von 35–45 cm
Dicke/Gewicht: 18–24 cm / mindestens 24 kg
Ursprungsgebiet: die Provinzen Modena, Reggio Emilia, Parma und Teile der Provinzen Bologna und Mantua
DOP vom 12.06.1996, Verordnung Nr. 1107

Ein Parmesanlaib wiegt mehr als 30 Kilogramm. Auf der seitlichen Wölbung des Laibs kann man das Herkunftszeichen des Aufsichtsverbandes erkennen.

Der «Personalausweis» des Käses ist in die Rinde eingestanzt: die Nummer der Käsehütte, die den Käse herstellte, das Herkunftszeichen des Aufsichtsverbandes und das Herstellungsdatum.

Pecorino dolce dei Colli Bolognesi

Die Milch wird bei 72 bis 74 °C pasteurisiert und anschließend auf 30 bis 35 °C abgekühlt. Dann werden Lab und Milchfermente hinzugefügt. Nach der Gerinnung zerkleinert man den Bruch und erhitzt ihn erneut auf 42 °C. Nun wird er in Plastikformen gefüllt, damit er abtropfen kann, wobei das Ruhen in Trockenräumen das Austreten der Molke fördert. Das Salzen wird trocken vorgenommen, und die Reifung dauert zwischen 20 Tagen und vier Monaten.

Lab: flüssiges Kalbslab
Rinde: ockergelb mit dunkleren Schattierungen, glänzend und elastisch
Teig: halbfest, kompakt, von feinem Geschmack
Aussehen: flache Ober- und Unterseite mit einem Durchmesser von 12–14 cm
Dicke/Gewicht: 5 cm / 1–2 kg
Ursprungsgebiet: die Hügel in der Gegend um Bologna

Ravaggiolo Romagnolo

Es handelt sich hier um einen Frischkäse, der rasch verzehrt werden muss. Früher wurde er aus einer Mischung von Ziegen- und Schafsmilch hergestellt, während man heute hauptsächlich Kuhvollmilch verwendet. Sie wird zunächst auf Gerinnungstemperatur erhitzt und mit Lab versetzt. Nach 30 Minuten wird der Bruch auf Kohl-, Feigen- oder Farnblättern ausgebreitet. Innerhalb von zwei Tagen wird der Käse dann geringfügig trocken gesalzen (manchmal auch nicht) und ist bereits nach einer weiteren Nacht des Reifens verzehrfertig. Innerhalb von drei Tagen muss er aufgebraucht werden.

Lab: flüssiges Kalbslab
Teig: weich und zart, weiß
Aussehen: glatte Ober- und Unterseite von sahneweißer Farbe
Dicke/Gewicht: unterschiedlich / 1–2 kg
Ursprungsgebiet: der Apennin zwischen der Toskana und der Romagna mit den Orten Tredozio, Modigliana, Portico di Romagna, San Benedetto in Alpe, Sogliano sul Rubicone

KUHMILCH

Squaquarone

Welche Konsistenz mag wohl ein Squaquarone haben? Der lautmalerische Klang des Namens lässt vermuten, dass dieser sehr frische Käse sachlich kaum zu beschreiben ist. Üblicherweise streicht man ihn auf Brote wie Piadina und Focaccia. Er schmeckt delikat und mild und wird das ganze Jahr über hergestellt. Die pasteurisierte Milch wird auf etwa 37 °C erhitzt und dann mit Milchimpfkulturen und flüssigem Lab versetzt. Nach etwa 25 Minuten zerkleinert man den Bruch in zwei Phasen in einem Abstand von etwa 20 Minuten. Nachdem er sich abgesetzt und die Molke sich abgetrennt hat, wird die Masse in die Formen gefüllt, und es beginnt die Trockenphase, in der die Laibe regelmäßig gewendet werden. Schließlich verbringen sie zwei Stunden in einem zwanzigprozentigen Salzbad. Schon nach wenigen Tagen kann der Squaquarone verzehrt werden.

Lab: flüssiges Kalbslab
Teig: weich, frisch, sahneweiß
Dicke/Gewicht: unterschiedlich / 1–3 kg
Ursprungsgebiet: die gesamte Romagna; einen besonders guten Ruf genießt der Squaquarone von Castel San Pietro

Friaul – Julisch Venetien
(Friuli – Venezia Giulia)

Von den Bergen des Friaul stammen die berühmten Toma-Käse. Hauptvertreter ist der Montasio, der einzige Käse dieser Region mit geschützter Ursprungsbezeichnung. Andere lokale Sorten werden unter den Bezeichnungen «Latteria» (Molkereikäse) und «Malga» (Almkäse) vertrieben.

Carnia/Cuc

Die Bezeichnung «Cuc» bedeutet im lokalen Dialekt allgemein Käse. Heute bevorzugt man den Namen Carnia, der sich auf die Karnischen Alpen, das Ursprungsgebiet dieses Käses, bezieht. Das Herstellungsverfahren ähnelt dem des Montasio (Seite 102). Die rohe Vollmilch oder teilentrahmte Milch wird auf 33 bis 35 °C erhitzt, mit Kalbslab versetzt und in 20 bis 30 Minuten zur Gerinnung gebracht. Der auf Reiskorngröße zerkleinerte Bruch wird bei 44 bis 48 °C 15 Minuten halbgekocht, danach lässt man die Molke austreten. Schließlich nimmt man den Bruch mit einem Leinentuch heraus, füllt ihn in die Fascere, presst und wendet ihn. Die getrockneten Laibe werden im Salzbad gesalzen. Während der Reifung, die in kühlen und belüfteten Räumen stattfindet, muss die Rinde häufig mit einem in Öl getränkten Tuch abgerieben werden.

Lab: Kalbslab in flüssiger Form oder als Pulver
Rinde: hart, kompakt, elastisch, je nach Reifegrad strohgelb bis braun
Teig: elastisch, kompakt, ohne Löcher, strohgelb
Aussehen: flache Ober- und Unterseite mit einem Durchmesser von 30–40 cm
Dicke/Gewicht: 6–10 cm / 5–9 kg
Ursprungsgebiet: das gesamte Gebiet der Karnischen Alpen

Kuhmilch

Formaggio salato

Früher nannte man den Formaggio salato (= salziger Käse) auch «As'n», in Anlehnung an den Mont d'As im Val d'Arzino, wo dieser Käse vermutlich entstanden ist. In der Vergangenheit musste der As'n die Wintermonate in den Vorratskammern der Bergbewohner überdauern und wurde darum aus sehr magerer Milch hergestellt. Heute nimmt man dagegen einen Käse aus Vollmilch, der zuvor in einer Fascera hergestellt wurde, legt ihn in ein Salzbad aus Milch, Sahne und Salz und erhitzt den Bruch schließlich bei einer Temperatur von 43 °C. Danach wird er langsam grob zerkleinert, damit die Käsemasse teigig bleibt. Er wird nicht gepresst, sondern sofort ins Salzbad gelegt, in dem er zwei bis sechs Monate bleibt, je nachdem wie gereift man ihn wünscht.

Lab: flüssiges Kalbslab
Rinde: weich und glatt beim frischen Käse, wird mit zunehmender Reife aber hart
Teig: zart, weich und weiß
Aussehen: flache Ober- und Unterseite mit einem Durchmesser von etwa 20 cm
Dicke/Gewicht: 6–10 cm / 2–5 kg
Ursprungsgebiet: die Karnischen Alpen, das Val d'Arzino, Spilimbergo

Latteria

Früher nannte man Käse, der in kleinen Molkereigenossenschaften hergestellt wurde, *latteria* (= Molkereikäse). Heute wird damit ein Produkt bezeichnet, das von Käserei zu Käserei und von Gegend zu Gegend unterschiedlich sein kann, auch wenn das Herstellungsverfahren für diesen speziellen Käse mehr oder minder standardisiert ist. Die Milch, aus der der Käse hergestellt wird, das Futter, die Zuchtmethoden und die natürliche Mikroflora führen dazu, dass der Geschmack von Ort zu Ort differiert, so dass jede Käserei ihr Produkt mit einem zusätzlichen Namen versieht. So hat zum Beispiel die Molkerei von Fagagna im März 1987 die Handelsmarke «Fagagna» für ihren Latteria eintragen lassen, einen Käse, der auch nach einer längeren Reifezeit (ähnlich dem Montasio) verkauft werden kann. Das Herstellungsverfahren der Latteria ähnelt ohnehin sehr dem des Montasio, allerdings wird der Bruch in gröbere Körner geschnitten, so dass eine größere Molkemenge darin erhalten bleibt.

Lab: Kalbslab in flüssiger Form oder als Pulver
Rinde: strohfarben
Teig: mit wenigen Löchern
Aussehen: flache Ober- und Unterseite mit einem Durchmesser von 25–30 cm
Dicke/Gewicht: 7–8 cm / 5–7,5 kg
Ursprungsgebiet: die gesamte Region

Malga

Der Malga stammt aus den Sennereien der Region. Das Herstellungsverfahren ist dem von Montasio und Latteria sehr ähnlich. Der leicht pikante Geschmack rührt von der Ziegenmilch, die manchmal der Kuhmilch zugesetzt wird, seine Intensität hängt von der Menge der Ziegenmilch ab. Dieser Almkäse, der zuweilen auch leicht bitter schmeckt, verdankt seine typischen organoleptischen Eigenschaften den besonderen Gräsern, die die Kühe auf den Bergweiden fressen. Im Allgemeinen lässt man ihn etwa 10 bis 20 Tage reifen, gelegentlich auch länger.

Lab: Kalbslab in flüssiger Form oder als Pulver
Rinde: glatt, dünn, strohfarben
Teig: kompakt oder mit leichter Lochung
Aussehen: flache Ober- und Unterseite mit einem Durchmesser von 20–25 cm
Dicke/Gewicht: 6–8 cm / 5–8 kg
Ursprungsgebiet: die Bergregionen der Provinzen Udine und Pordenone

KUHMILCH

Montasio DOP

Der Montasio stammt ursprünglich aus den Karnischen Alpen, die sich als Teil der Julischen Alpen über die gesamte Region Friaul – Julisch Venetien erstrecken. Montasio ist der Name einer Berggruppe, an deren Südhang eine ausgedehnte Hochebene mit Almweiden liegt. Die Bestimmungen für das Herstellungsverfahren wurden vom Aufsichtsverband für den Montasio-Käse festgelegt und 1987 vom Ministerium für Land- und Forstwirtschaft anerkannt. Für die Herstellung des Montasio darf ausschließlich Milch von Kühen verwendet werden, die aus dem Ursprungsgebiet stammen. Früher wurde die Milch roh verarbeitet, was es ermöglichte, alle Mikroben und Enzyme zu erhalten, die die vielfältigen Transformationsprozesse während der Reifung gewährleisten. Seit die Praxis, Milchimpfkulturen und selektierte Fermente beizufügen, immer mehr Anklang findet, ist man dazu übergangen, die Milch, sobald sie in der Käserei eintrifft, einer kurzen thermischen Behandlung – der so genannten Thermisation – zu unterziehen. Die Gerinnung erfolgt unter Zusatz von pulverförmigem oder flüssigem Kalbslab in 20 bis 25 Minuten. Der Bruch wird anschließend auf Reiskorngröße zerkleinert und bei etwa 46 °C erhitzt. Dann wird die Masse in die Fascere, die mit dem Herkunftszeichen und dem Herstellungsdatum versehen sind, gefüllt und so gepresst, dass die Molke ablaufen kann. Der Montasio kann entweder im Salzbad oder trocken mit Kristallsalz gesalzen werden. Ein Mischverfahren besteht darin, den Käse zunächst für eine begrenzte Zeit in ein Salzbad zu legen und die Salzung dann mit einer Trockenbehandlung zu vollenden.

Lab: Kalbslab in flüssiger Form oder als Pulver
Rinde: bei jungem Käse nur sehr dünn, mit zunehmender Reife elastisch und von strohgelber Farbe
Teig: kompakt mit leichter, gleichmäßig verteilter Lochung (Tafelkäse) oder bröckelig mit wenigen oder sehr wenigen Löchern (gereifter Käse)
Aussehen: flache oder leichte konvexe Ober- und Unterseite mit einem Durchmesser von 30–40 cm
Dicke/Gewicht: 6–8 cm / 6,5–7,5 kg
Ursprungsgebiet: die gesamte Region Friaul – Julisch Venetien sowie die Provinzen Belluno, Treviso und ein kleiner Teil der Provinzen Padua und Venedig in der Region Venetien
DOP vom 12.06.1996, Verordnung Nr. 1107

Die Abbildungen zeigen verschiedene ganze und aufgeschnittene Montasio-Laibe mit unterschiedlichen Reifegraden. Auf der Ober- und Unterseite und am Rand ist das Herkunftszeichen des Aufsichtsverbandes mit dem Herstellungsdatum und der Nummer der Käsehütte gut zu erkennen.

KUHMOLKE

Scuete fumade

Für die Herstellung dieser Ricotta wird die Molke, die bei der Käseverarbeitung austritt, zunächst auf 95 bis 100 °C erhitzt. Sobald sich die Bestandteile der Eiweißgerinnung an der Oberfläche absetzen, werden sie in dicht gewebte Leinensäckchen abgeschöpft, die man zum Abtropfen aufhängt. Der Teig wird gelegentlich mit Aufgüssen oder Kräutern versetzt, um dem Käse Eigenschaften zu verleihen, die ihn zum Würzen von Nudelgerichten verwendbar machen. Der Scuete wird in den Säckchen leicht gepresst, danach, auf Gittern verteilt, zwei bis vier Tage geräuchert und schließlich in einen Trockenraum gelegt. Nach einem Monat kann er verzehrt werden. Zur Verwendung als Reibkäse mit einem kräftigeren Aroma und Geschmack empfiehlt sich jedoch eine längere Reifezeit. Mit dem Montasio und der Latteria gehört diese geräucherte Ricotta zu den typischen Käsesorten der Karnischen Alpen und zu den beliebtesten und traditionsreichsten Lebensmitteln der gesamten Region.

Rinde: dünn, von bräunlicher Farbe
Teig: kompakt, weiß
Aussehen: unterschiedlich
Dicke/Gewicht: unterschiedlich / 1 kg
Ursprungsgebiet: die gesamte Region, insbesondere die Karnischen Alpen

Kalabrien
(Calabria)

Kalabrien ist eine Region, deren Schätze weitgehend unbekannt sind, obschon sie eine ganze Reihe außergewöhnlicher Erzeugnisse hervorbringt. Die Auswahl der hier produzierten Käsesorten ist klein, aber fein. Giuncata, Rasco und Pecorino del Monte Poro sind echte Raritäten.

Kuhmilch

Caciocavallo Silano DOP

Die frühesten Zeugnisse für diesen Käse gehen auf das Mittelalter zurück. Heute ist er in ganz Süditalien verbreitet, wobei folgende Ursprungsgebiete zur DOP-Liste zählen: in Kalabrien die Gebiete Alto Crotonese, Marchesato, Piccola Sila, Presilana, die Tiriolo-Berge, Serre, Alto Maesima in der Provinz Catanzaro und die Gebiete Ferro, Sparviero, Pollino, Sila Greca Cosentina, Busento und Unione delle Valli in der Provinz Cosenza; in Kampanien einige Orte der Provinzen Avellino, Benevento, Caserta und Neapel; im Molise die Provinzen Isernia und Campobasso; in Apulien die Provinzen Foggia (mit der Gargano-Halbinsel und dem Dauno-Vorgebirge), Bari (nordwestliche und südöstliche Murgia), Tarent (südöstliche Murgia) und Brindisi; in der Basilikata die Provinzen Matera und Potenza.

Zur Herstellung: Die auf etwa 35 °C erwärmte Milch wird mit Zickleinlab versetzt. Den entstandenen Bruch zerkleinert man und lässt ihn ruhen, bis er sich am Boden des Kessels abgesetzt hat. Anschließend muss er auf einem Tisch oder in einem Eimer mehrere Tage lang reifen, bis er den richtigen Säuregrad erreicht hat. Nach der Zerkleinerung wird der Teig in heißem Wasser geknetet, geformt und anschließend in kaltem Wasser abgekühlt. Danach ruht er je nach Größe der einzelnen Käselaibe einige Stunden in einem Salzbad und reift dann bei gleichbleibender Temperatur im Keller. Die Rinde ist hart und elfenbeinfarben, der goldgelbe Teig wird mit zunehmender Reife pikant und schuppig. Man serviert den Caciocavallo Silano vor allem als Tafelkäse, er ist aber auch Hauptbestandteil der *pasta china,* eines typischen Gerichts der Gegend um Cosenza.

Lab: üblicherweise Zicklein-Labpaste
Rinde: glatt, glänzend, je nach Reifegrad strohfarben-weiß bis gelbbraun
Teig: roh, Knetteig, elastisch, strohfarben von unterschiedlicher Intensität
Aussehen: glatte Oberfläche; Durchmesser 8–10 cm an der breitesten Stelle
Dicke/Gewicht: 25–30 cm / 1,5–2,5 kg
Ursprungsgebiet: einige Provinzen in Kalabrien, Kampanien, dem Molise, Apulien und der Basilikata
DOP vom 01.07.1996, Verordnung Nr. 1263

Der Zusatz «Silano» bezieht sich zwar auf Sila, ein Gebirgsmassiv im Norden Kalabriens, doch die Bezeichnung «Caciocavallo Silano» gilt für die gesamte Region Kalabrien, so dass sowohl industrielle Erzeugnisse als auch Produkte hervorragender Kleinbetriebe diesen Namen tragen. Beim Aufschneiden präsentiert sich der Käse – falls er aus Rohmilch hergestellt und gut ausgereift ist – als ein typisch bröckeliger, schmelzender Knetkäse mit ausgeprägtem Aroma.

Canestrato Crotonese

Der älteste schriftliche Beleg für den Canestrato Crotonese (Pecorino Crotonese) geht auf die zweite Hälfte des 18. Jahrhunderts zurück. Die Milch zweier Melkungen wird bei etwa 37 °C 30 Minuten lang mit Labpaste zur Gerinnung gebracht. Nach der raschen Zerkleinerung des Bruchs wird der Teig halbgekocht und in die typischen geflochtenen Binsenkörbe gefüllt. Die Ausreifung erfolgt in gekühlten Räumen, in denen die Temperatur 18 °C nie übersteigt und die relative Feuchtigkeit niedrig ist. Die Rinde ist hart und dunkelgelb, der Teig dagegen weiß mit wenigen Löchern. Der Canestrato Crotonese schmeckt würzig und pikant. Zur Osterzeit wird er traditionell frisch mit rohen Saubohnen und typischen Rotweinen der Gegend um Crotone serviert, beispielsweise Cirò, Val di Neto oder Melissa.

Lab: Zicklein- oder Lamm-Labpaste
Rinde: hart, mit den typischen Rillen der Binsenkörbe, von unterschiedlicher gelbbrauner bis dunkelgrauer Farbe
Teig: halbgekocht, hart, strohfarben von unterschiedlicher Intensität
Aussehen: flache Ober- und Unterseite mit einem Durchmesser von 20–30 cm
Dicke/Gewicht: 7–10 cm / 2–3 kg
Ursprungsgebiet: die Provinz Crotone und das Sila-Gebirge zwischen Rossano und Catanzaro Lido

Caprino d'Aspromonte

Die auf 36 bis 37 °C erwärmte Milch wird mit Zickleinlab zur Gerinnung gebracht. Mit Hilfe des so genannten *ruotolo,* einem Stab, an dessen Ende sich eine konvexe Holzscheibe befindet, zerkleinert man den Bruch auf Reiskorngröße. Nachdem er sich auf dem Boden abgesetzt hat, wird er von Hand in Siebkörbe aus Binsen gepresst und nach einigen Stunden trocken gesalzen. Zum Reifen werden die Laibe in einem kühlen Raum auf eine mit Schilfrohr *(cannizzo)* oder Holz bedeckte Fläche gelegt. Auf der Rinde, die bei jungem Käse weiß und bei reifem gelbbraun ist, sind die Abdrücke des Siebkorbs deutlich zu erkennen. Der Teig ist weiß und weich, wird aber mit zunehmender Reife immer härter. Der Geschmack ist mild bis säuerlich und erinnert leicht an Wildkräuter. Der Caprino d'Aspromonte wird frisch als Tafelkäse oder gereift als Reibkäse verkauft.

Lab: Zicklein-Labpaste
Rinde: kompakt, mit den typischen Rillen der Binsenkörbe, von unterschiedlicher gelber bis graubrauner Farbe
Teig: roh, hart, elfenbeinweiß bis braun
Aussehen: flache Ober- und Unterseite mit einem Durchmesser von 18–20 cm
Dicke/Gewicht: 6–7 cm / 1–2 kg
Ursprungsgebiet: die Gebirgsorte des Aspromonte in der Provinz Reggio Calabria

Ziegen- und Kuhmilch

Giuncata

Die Bezeichnung «Giuncata» bezieht sich auf die Abdrücke der Binsenkörbe (*giunco* = Binse) auf der Rinde dieses Käses. Die Rohmilch wird mit Zickleinlab 45 bis 60 Minuten versetzt. Nachdem sie zu einer festen Masse geronnen ist, wird der Bruch mit den Händen grob zerkleinert. Sobald er sich am Boden des Kessels abgesetzt hat, füllt man den Teig in Binsenkörbe. Nach zwei bis drei Tagen erfolgt die Trockensalzung, und zwar durch Bestreuen der Käseoberfläche. Anschließend werden die Laibe auf Holzbretter oder auf ein Schilfrohrgitter *(cannizzo)* gelegt, wo sie etwa zehn Tage ruhen, bevor sie in den Handel kommen. Falls der Käse ausreifen soll, kann er durch Räuchern getrocknet werden. Da er schnell verdirbt, empfiehlt es sich aber, ihn frisch zu verzehren. Gereift ist er auch als Reibkäse für Nudelgerichte oder in vielen anderen Speisen einsetzbar.

Lab: Zicklein-Labpaste
Rinde: runzelig, ziemlich hart, ziegelsteinfarben im Falle der Räucherung
Teig: roh, weich, elfenbeinweiß oder strohfarben
Aussehen: flache Ober- und Unterseite mit einem Durchmesser von 8–15 cm
Dicke/Gewicht: 3–6 cm / 200–400 g
Ursprungsgebiet: die gesamte Region

Pecorino del Monte Poro

Der hervorragende Ruf, den die Schafskäse dieser Gegend schon immer genossen, ist wohl auch den vielerlei stark duftenden Kräutern zu verdanken, die auf den Weiden des Monte Poro gedeihen. Die Rohmilch wird auf 37 °C erwärmt, dann mit Zicklein-Labpaste versetzt und 30 Minuten dickgelegt. Anschließend wird der Bruch mit dem Rührgerät *(spino)* zerkleinert, ungekocht abgeschöpft und in Siebkörbe gefüllt. Danach presst man den Käse sorgfältig von Hand und salzt ihn trocken. Nach einer Reifezeit von zwei bis drei Monaten fettet man ihn mit einer Mischung aus Öl und Peperoncini ein. Als Tafelkäse kann er nach einer mittleren Reifezeit von etwa sechs Monaten, als Reibkäse nach einem Jahr verwendet werden.

Lab: Zicklein-Labpaste
Rinde: kompakt, goldgelb mit roten Sprenkeln, die vom Einfetten mit in Öl aufgelösten Peperoncini stammen
Teig: elastisch, mit unregelmäßiger Lochung, elfenbein- oder strohfarben
Aussehen: flache Ober- und Unterseite mit einem Durchmesser von 15–30 cm
Dicke/Gewicht: 10–18 cm / 1,5–6 kg
Ursprungsgebiet: der Monte Poro mit den Orten Ricadi, Spilinga, Drapia, Zaccanopoli, Rombiolo und Limbadi in der Provinz Catanzaro

Rasco

Der Rasco galt früher als ein Käse von hoher Qualität und wurde während der Wanderungsperioden der Tierherden auf ausdrückliche Anordnung der Großgrundbesitzer von den Viehhirten aus Milchrahm hergestellt. Heute ist er leider fast verschwunden: Nur das Institut für Tierzucht in Camigliatello im Sila-Gebirge stellt ihn noch versuchsweise in kleinen Mengen her. Traditionell wurde die frisch gemolkene Milch bis auf 38 °C erhitzt, mit Zicklein-Labpaste versetzt und dann 45 bis 60 Minuten dickgelegt. Anschließend wurde der Bruch grob zerkleinert und vorsichtig in Siebkörbe aus Binsen gefüllt. Jeder Siebkorb fasste etwa ein Kilogramm Bruch. In der darauf folgenden Phase wurde der Käse häufig gewendet und in heiße Molke getaucht. Nach dem Trocknen salzte man die Laibe leicht und legte sie in einem Raum, in dem ein Feuer entfacht werden konnte, auf die *cannizzi* (Gitter aus Schilfrohr). Dort wurden sie dann 10 bis 13 Tage geräuchert.

Lab: Zicklein-Labpaste
Rinde: runzelig, mit dem Abdruck der Binsenkörbe, in die die Käsemasse zum Abtropfen kommt; von brauner Farbe
Teig: kompakt, glatt, fettreich, strohfarben bis weiß
Aussehen: flache Ober- und Unterseite mit einem Durchmesser von 5–8 cm
Dicke/Gewicht: 5–8 cm / 300–800 g
Ursprungsgebiet: früher wurde dieser Käse von den Kuhhirten des Sila-Gebirges während der Herdenwanderung hergestellt

SCHAFS- UND/ODER ZIEGENMOLKE

Ricotta affumicata

Die Molke wird stark erhitzt (85 bis 90 °C), um das Absetzen der festen Bestandteile an der Oberfläche zu ermöglichen. Gelegentlich fügt man ihr noch etwa zehn Prozent Schafs- oder Ziegenmilch bei, um dem Käse einen angenehmeren Geschmack zu verleihen. Die so gewonnene Ricotta wird in die traditionellen Siebkörbe aus Binsen *(fuscelli)* gefüllt, wo sie mindestens einen Tag bleibt, damit die Flüssigkeit austreten kann. Anschließend nimmt man sie heraus, salzt sie trocken und legt sie in einen geschlossenen Raum, in dem ein Feuer entfacht werden kann. Hier wird sie dann mindestens drei Tage geräuchert und schließlich in einem gut belüfteten Raum zum Reifen gebracht. Nach etwa einer Woche ist sie fertig für den Verzehr.

Rinde: runzelig, hart, von brauner Farbe durch das Räuchern
Teig: glatt, kompakt, von weißgrauer Farbe
Aussehen: glatte Ober- und Unterseite, von unterschiedlicher Größe
Gewicht: 200–500 g
Ursprungsgebiet: die gesamte Region Kalabrien; besonders geschätzt wird die in der Gegend um Crotone hergestellte Ricotta

Kampanien
(Campania)

Die kampanische Büffelmilch-Mozzarella ist ohne Zweifel *der* Kultkäse der Region – aber auch andere herausragende Käse haben hier ihren Ursprung, wie der Caciocavallo Podolico, der Carmasciano, der Conciato Romano und der Provolone del monaco.

KUHMILCH

Caciocavallo del monaco

Das Herstellungsverfahren dieses sehr traditionsreichen Caciocavallo sieht für die Gerinnung der Milch, die bei 38 °C stattfindet, die Verwendung von Zickleinlab vor. Nach 30 bis 40 Minuten, wenn die Milch geronnen ist, wird der Bruch zunächst grob zerkleinert und nach einer zehnminütigen Ruhezeit erneut etwas feiner zerkleinert. Anschließend wird der Teig gekocht und in kleine Stücke zerteilt. Daraufhin lässt man ihn ruhen, damit die Molke austreten kann, schließlich wird er geknetet, geformt und etwa zwei Tage lang im Salzbad gesalzen. Die Reifung erfolgt in gekühlten Räumen. Die Rinde ist hart und gelb, der Teig hat einen ausgeprägt pikanten Geschmack und einen intensiven, aromatischen Geruch. Der Name (wörtlich: Mönchs-Caciocavallo) soll sich auf die Ordensbrüder beziehen, die ihn früher herstellten. Eine andere Version besagt, die Bezeichnung stamme von einem Werkzeug namens *monaco*.

Lab: Zicklein-Labpaste
Rinde: glatt, hart, unterschiedliche Farbe von leicht strohfarben bis braun
Teig: Knetteig, elastisch bei jungem und hart bei gereiftem Caciocavallo, strohfarben von unterschiedlicher Intensität
Dicke/Gewicht: unterschiedlich / 2–10 kg
Ursprungsgebiet: die Provinzen Neapel und Salerno

Caciocavallo podolico Alburni

Bei diesem Caciocavallo handelt es sich um ein Produkt mit sehr langer Tradition, dessen Herstellungsverfahren seit vielen Generationen in den Familien weitergegeben wird. Die auf 36 bis 37 °C erwärmte Milch wird mit flüssigem Kalbslab oder Zicklein-Labpaste versetzt. Nach der Gerinnung (25 bis 40 Minuten) wird der Bruch auf Reiskorngröße zerkleinert. Um den Molkeaustritt zu fördern, zerteilt man ihn anschließend in kleine Stücke. Danach fügt man die auf etwa 60 °C erhitzte Molke hinzu, damit der Teig die richtige Reifetemperatur erhält. Dieser Arbeitsschritt wird zwei- bis dreimal wiederholt. Nach einigen Stunden wird der Teig geschnitten, mit 80 bis 85 °C heißem Wasser zu Knetkäse verarbeitet, portioniert und geformt. Die so hergestellten Laibe werden anschließend durch Eintauchen in Wasser abgekühlt und in ein Salzbad getaucht. Für den Verzehr bietet man diesen Caciocavallo jung, als Tafelkäse dagegen gereift an.

Lab: flüssiges Kalbslab oder Zicklein-Labpaste
Rinde: hart, ockerfarben
Teig: Knetteig, roh, von strohgelber Farbe
Aussehen: glatte Ober- und Unterseite mit einem maximalen Durchmesser von 10–20 cm
Dicke/Gewicht: 20–25 cm / 1–3 kg
Ursprungsgebiet: die Orte Corleto Monforte, Rosciano, Sacco, Acquara, Piaggine, Petina, San Rufo, Ottati, Vallo, Stio und Orria Cilento in der Provinz Salerno

Caciocavallo podolico Picentino

Für diesen Käse wird ausschließlich Vollmilch der Podolica-Kühe verwendet. Auf 37 °C erwärmt, wird sie in etwa 30 Minuten mit Kalbs- oder Zickleinlab zur Gerinnung gebracht. Den sehr fein zerkleinerten Bruch lässt man ruhen, damit die Flüssigkeit austreten kann. Anschließend wird er mit heißer Molke bedeckt, was eine einfachere Reifung bewirkt. Nach einigen Stunden lässt man den Bruch gründlich abtropfen, schneidet den Teig in dünne Scheiben und überbrüht ihn anschließend mit heißem Wasser. Schließlich wird er geformt und im Salzbad gesalzen. Im Allgemeinen präsentiert sich dieser Käse mit glatter und dünner Rinde von ockergelber Farbe. Der Teig ist bei jungem Käse weiß oder leicht strohfarben, intensiv strohfarben bei reifem Käse. Der Geschmack des jungen und mit Kalbslab hergestellten Caciocavallo ist mild, der des reifen und mit Zickleinlab hergestellten pikanter. Dieser Käse wird ausschließlich als Tafelkäse angeboten.

Lab: Kalbs- oder Zickleinlab in flüssiger Form oder als Paste
Rinde: dünn, von ockergelber Farbe
Teig: Knetkäse, roh, strohfarben
Aussehen: glatte Ober- und Unterseite mit einem maximalen Durchmesser von 10–20 cm
Dicke/Gewicht: 20–30 cm / 1–3 kg
Ursprungsgebiet: die Orte Montella, Bagnoli Irpino, Ariano Irpino, Chiusano San Domenico, Volturara Irpina, Vallata, Aquilonia, Zungoli und Lacedonia in der Provinz Avellino

Carmasciano

Die Milch wird auf etwa 38 °C erwärmt und mit Zicklein- oder Lammlab versetzt. Die Gerinnung erfolgt in etwa 30 Minuten, danach wird der Bruch fein zerkleinert. Man wartet einige Minuten, bis er sich abgesetzt hat, nimmt ihn heraus und füllt ihn in die Form, in der er mit den Händen gepresst wird. Die Laibe werden mit heißer Molke überbrüht und später trocken gesalzen, indem man Salz auf der gesamten Oberfläche des Käses verreibt. Anschließend beginnt die Reifephase. Dazu werden die Laibe mindestens drei Monate auf Holzbrettern in kühlen Räumen aufbewahrt. Der Geschmack des Carmasciano ist angenehm und pikant, sein Geruch intensiv und durchdringend. Kurz gereift wird er als Tafelkäse serviert, während man den länger gereiften gerieben zu Nudelgerichten reicht.

Lab: Zicklein- oder Lammlab in flüssiger Form oder als Paste
Rinde: hart, dunkelbraun
Teig: roh, hart und kompakt, strohfarben
Aussehen: flache Ober- und Unterseite mit einem Durchmesser von 20–25 cm
Dicke/Gewicht: 8–12 cm / 1,2–2 kg
Ursprungsgebiet: die Gegend um den Ort Calitri in der Provinz Avellino

SCHAFS- UND/ODER ZIEGEN- UND/ODER KUHMILCH

Conciato Romano

Bei diesem gebeizten Käse (*conciato* = gebeizt) ist die Affinagetechnik wichtiger als das Herstellungsverfahren – ähnlich wie im Fall des «Grubenkäses» (Formaggio di fossa, Seite 91). Die Gerinnung erfolgt durch Zickleinlab. Der Bruch wird sehr stark zerkleinert, herausgeschöpft, mit den Händen geformt und trocken gesalzen. Die trockenen Laibe werden gleich im Anschluss an das Salzen ein erstes Mal im Kochwasser der *pettole,* einer typischen hausgemachten Pastaform, gebeizt. Dieser Vorgang hinterlässt einen hauchdünnen Stärkefilm auf den Käselaiben. Nach einiger Zeit werden sie dann mit einer Mischung aus Öl, Essig, Piperna und Peperoncino behandelt. In dieser Phase legte man die Laibe früher in unglasierte Tonamphoren, wo sie bis zum Ende der Reifezeit, die bis zu zwei Jahren dauern konnte, blieben. Dieses Verfahren wird heute von einigen Erzeugern wieder aufgenommen.

Lab: Zicklein-Labpaste
Rinde: von der Ölhefe gebeizt, unregelmäßig, unterschiedliche Farbe von ockergelb bis dunkelbraun
Teig: hart, granitartig, von gelber Farbe unterschiedlicher Intensität
Aussehen: glatte Ober- und Unterseite, ockerfarbene Oberfläche
Dicke/Gewicht: unterschiedlich
Ursprungsgebiet: der Ort Pontelatone in der Provinz Caserta

KUHMILCH

Manteca

Die Manteca besteht aus einem fettreichen Kern, dessen Masse aus der wiederaufgekochten Molke gewonnen wurde, sowie aus einer Außenhülle aus Knetkäse. Beide Bestandteile fallen als Nebenprodukte bei der Herstellung des Caciocavallo podolico an. Die Molke wird in einen Kessel gefüllt und so lange erhitzt, bis sich die festen Bestandteile – *manteca* oder *prima ricotta* genannt – an der Oberfläche absetzen. Diese lässt man in einem Tuch bis zum nächsten Tag ruhen. Die Weiterverarbeitung erfolgt in einem *giarra* genannten Behälter, wobei zunächst heißes und dann kaltes Wasser hinzugefügt wird, so dass sich das Fett abtrennt und fest wird. Die so hergestellten Manteca-Kugeln werden schließlich mit dem Knetkäseteig überzogen. Früher verwertete man mit der Herstellung dieses Käses angefallenes überschüssiges Milchfett. Die Manteca – weiß oder strohgelb und von mildem Geschmack – wird als Tafelkäse serviert. Ähnliche Sorten stellt man auch in anderen Regionen, wie Apulien und der Basilikata, her.

Lab: Lamm-Labpaste
Teig: fettreich, außen Knetkäse, innen cremig
Aussehen: glatte Oberfläche mit einem Durchmesser von 6–8 cm
Dicke/Gewicht: 10–12 cm / 400–500 g
Ursprungsgebiet: die Provinzen Avellino und Salerno

Büffelmilch

Mozzarella di bufala Campana DOP

Bereits im 13. Jahrhundert schenkten die Mönche von San Lorenzo in Capua den Mitgliedern des Kapitels nach Prozessionen Brot und *mozza,* aber erst im 17. Jahrhundert begann die breit angelegte Milchverarbeitung auf den als *bufalara* bezeichneten Büffelweiden. Die Büffelmilch-Mozzarella ist ein Knetfrischkäse in dünnen Schichten, der in den ersten acht bis zehn Stunden leicht elastisch ist, dann aber immer schmelzender wird. Zuerst wird Büffelvollmilch mit Molke vom Vortag beimpft. Diesen natürlichen Molkeimpfstoff erhält man, indem man die Molke aus der Verarbeitung vom Vortag bei Umgebungstemperatur spontan sauer werden lässt. Danach wird Kalbslab zur Milch hinzugefügt, wodurch diese in 20 bis 30 Minuten gerinnt. Den Bruch zerkleinert man anschließend bis auf Walnussgröße und lässt ihn in der heißen Molke so lange reifen, bis der Teig geknetet werden kann (Bewertung mittels Knettest), in der Regel etwa vier bis fünf Stunden. Beim Kneten wird der Teig mit kochend heißem Wasser überbrüht und ununterbrochen mit Hilfe eines Stocks gezogen. Schließlich wird er geformt, wobei er zunächst – je nach Produktionsbedingung – in unterschiedlich schwere Stücke geteilt wird. Der Teig ist perlweiß, hat einen säuerlichen Geschmack und riecht nach Moschus oder Wildkräutern. Beim Aufschneiden tritt weißliche Molkeflüssigkeit aus. Der Name «Mozzarella» ist angeblich auf die Praxis zurückzuführen, Stücke vom Knetteig abzuschneiden (italienisch: *mozzare*), um die gewünschten Formen zu erhalten. Die Mozzarella wird zwischen 24 und 48 Stunden bei Umgebungstemperatur in der Flüssigkeit, in der sie verarbeitet wurde, aufbewahrt. Die beim Aufschneiden austretende Molke verströmt den Duft der Büffelmilchfermente.

Lab: flüssiges Kalbslab
Teig: Knetteig, weich und elastisch, mit gut erkennbarer, leicht blättriger Struktur, porzellanweiß
Dicke/Gewicht: 3–13 cm / 60–500 g
Ursprungsgebiet: die Provinzen Caserta und Salerno, ein Teil der Provinzen Latina und Frosinone sowie einige Orte der Provinzen Neapel, Benevento und Rom
DOP vom 12.06.1996, Verordnung Nr. 1107

Beim Aufschneiden der Mozzarella wird die typische Knetkäsestruktur des Teigs und der spontane Austritt der Molke sichtbar.

Mozzarella nella mortella

Dieser Käse wird im gleichen Gebiet wie der Caciocavallo podolico hergestellt. Der Brauch, die Mozzarella in Myrtenzweige *(mortella)* einzuwickeln, hat sich wohl durch die Notwendigkeit entwickelt, sie so zu konservieren, dass sie von den Weiden, wo sie hergestellt wurde, unbeschadet in die Dörfer transportiert werden konnte. Nachdem die auf 37 °C erhitzte Milch durch den Zusatz von Lab in etwa einer Stunde geronnen ist, lässt man den Teig in Holzbottichen je nach Umgebungstemperatur 12 bis 24 Stunden reifen. Nach dem Zerkleinern wird er geknetet und geformt. Die Myrteblätter verleihen dem weißen Teig sein typisches Aroma. Dieser Käse wird in Kampanien üblicherweise pur oder mit Salat als Vor- oder Hauptspeise gegessen.

Lab: Kalbslab in flüssiger Form oder als Paste
Teig: Knetteig, frisch, kompakt, trocken, elfenbeinfarben
Aussehen: unterschiedlich, in Myrtezweige eingewickelt
Dicke/Gewicht: 15 cm / 100–150 g
Ursprungsgebiet: die Orte Vallo della Lucania, Ascea, Novi Velia, Camalonga, Montano Antilia, Stio, Rofrano, Cucaro Vetere, Laurito, Roccagloriosa

SCHAFSMILCH

Pecorino Bagnolese

Die auf 40 °C erhitzte Milch gerinnt in 20 bis 35 Minuten. Der fein zerkleinerte Bruch wird nun mit Hilfe eines Schaumlöffels abgeschöpft und in die typischen Weidenkörbe gefüllt. Nach der Trockensalzung kommt der Käse in Reiferäume, in denen er bisweilen mehrere Jahre gelagert wird. Die Rinde ist dick und gelb, der Teig strohgelb und kompakt. Vor allem die ausgereifteren Laibe haben ein pikantes Aroma. Dieser Käse kann als Tafel- oder Reibkäse für Nudelgerichte verwendet werden. Er passt gut zu kräftigen Rotweinen.

Lab: flüssiges Kalbslab
Rinde: hart und kompakt, gelb bis hell- bzw. dunkelbraun
Teig: fettreich, roh, hart, strohfarben
Aussehen: flache Ober- und Unterseite mit einem Durchmesser von 20–25 cm
Dicke/Gewicht: 10–12 cm / 1,5–2,5 kg
Ursprungsgebiet: die Orte Bagnoli Irpino, Chiusano San Domenico und Volturara Irpina

SCHAFMILCH

Pecorino laticauda

Der Name dieses Käses stammt von der Schafrasse, aus deren Milch er hergestellt wird: den Laticauda-Schafen. Man geht davon aus, dass diese Rasse ursprünglich in Afrika heimisch war und wahrscheinlich von den Bourbonen nach Kampanien importiert wurde. Die auf 36 bis 38 °C erhitzte Milch wird mit Labpaste versetzt. Nach der Gerinnung wird der Bruch fein zerkleinert, herausgeschöpft, in Siebkörbe gefüllt und mit den Händen gepresst. Nach einigen Stunden wird er in heißer Molke überbrüht und trocken gesalzen. Anschließend legt man den Pecorino auf Holzbretter und lässt ihn in einem kühlen und belüfteten Raum reifen. Der elfenbeinfarbene Teig ist würzig bis pikant und verströmt einen intensiven Geruch. Jung wird dieser Pecorino als Tafelkäse gegessen, nach längerer Reifezeit jedoch als Reibkäse für Nudel- und andere landestypische Gerichte verwendet.

Lab: Lamm-Labpaste
Rinde: hart und kompakt, von orangegelber Farbe
Teig: roh und weich, strohfarben
Aussehen: flache Ober- und Unterseite mit einem Durchmesser von 20 cm
Dicke/Gewicht: 12 cm / etwa 2 kg
Ursprungsgebiet: fast alle Orte des Alto Sannio in der Provinz Benevento

Latium
(Lazio)

Der Pecorino Romano wird fast ausschließlich in Sardinien hergestellt, während der in ganz Italien produzierte Ricotta gentile allgemein als Ricotta Romana bekannt ist! Der Ursprung mancher Käsesorten reicht bis in die Antike zurück, als die Kunst der Käseherstellung noch in ihren Anfängen steckte.

Caciotta Romana

Dieser Käse wird meist aus pasteurisierter Milch hergestellt, die man auf 36 °C erwärmt und mit Lammlab versetzt. Der Bruch wird zunächst walnussgroß zerkleinert, dann erhöht man die Temperatur auf 38 °C und zerschneidet ihn noch einmal in kleinere Partikel. Nun lässt man die Masse kurz in der Molke reifen, bevor sie vier oder fünf Stunden lang in einem warmen Raum ruhen muss, damit die Molke austreten kann. Anschließend presst man sie und lässt sie erneut 12 bis 18 Stunden ruhen. Das Salzen erfolgt im Salzbad (acht Stunden pro Kilogramm) oder trocken mit grobkörnigem Salz. Nun kann die Caciotta entweder mit dem Zusatz *primo sale* (= erste Salzung) verkauft werden, oder man lässt sie in kühlen Räumen (10 °C) weiter reifen, währenddessen die Laibe einmal im Monat gewaschen werden.

Lab: Lamm-Labpaste
Rinde: nur bei gereiftem Käse vorhanden, strohgelb mit grünen Schattierungen
Teig: weiß, mit wenigen großen Löchern
Aussehen: flache Ober- und Unterseite mit einem Durchmesser von 15–25 cm
Dicke/Gewicht: 7 cm / 1,5–3 kg
Ursprungsgebiet: die römische Campagna

Ziegen-, Schafs- und Kuhmilch

Marzolina/Marzellino

Nur noch sehr wenige Hirten stellen diesen Käse her. Traditionell wird die Milch der Abendmelkung aufbewahrt, gefiltert und zusammen mit der Morgenmilch auf 27 °C erwärmt. Die Gerinnung erfolgt durch Zicklein-Labpaste. Den zerkleinerten Bruch lässt man in eigens dafür bestimmten Formen abtropfen, presst ihn und salzt ihn dann trocken oder im Salzbad. Die Reifung des Marzellino erfordert zwei Phasen: Die erste dauert zwei bis sieben Tage, dazu werden die Laibe in kühlen und belüfteten Räumen auf lange Holzbretter oder in mit Löchern versehene Behälter gelegt. In der zweiten Phase wäscht man die Laibe zunächst mit Öl und Essig oder Wasser und Essig, um sie anschließend vier bis fünf Monate in mit Korken verschlossenen Korbflaschen zu lagern. Für die Ausreifung wird der Käse häufig in Öl eingelegt. Marzolina heißt der Käse, der beiden Reifephasen unterzogen wurde, während der jüngere einfach nur Formaggio oder Mosciatella genannt wird.

Lab: Zicklein-Labpaste
Rinde: hellgelbe Schale
Teig: weiß, kompakt, leicht körnig
Aussehen: flache Ober- und Unterseite mit einem Durchmesser von 7–8 cm
Dicke/Gewicht: 7–8 cm (falls der Laib zylindrisch ist) / 70–250 g
Ursprungsgebiet: die Ausoni- und Aurunci-Berge sowie die Orte Vallecorsa, Castro dei Volsci, Pico und Esperia in der Provinz Frosinone sowie Prossedi, Lenola, Monte San Biagio, Itri und Spigno Saturnia in der Provinz Latina

SCHAFSMILCH

Pecorino del pastore

Für den Pecorino del pastore («Hirtenschafskäse») wird die gefilterte und auf 27 bis 35 °C erwärmte Milch mit Lamm-Labpaste versetzt. Der Bruch entsteht in etwa 20 Minuten und darf weitere 20 Minuten ruhen. Anschließend wird er in Formen gefüllt, wobei in die Mitte eine Vertiefung hineingedrückt wird, damit die Molke austreten kann. Der Bruch wird dann noch 20 Minuten in den Formen mit den Händen bearbeitet. Das Salzen erfolgt trocken mit grob- oder feinkörnigem Salz oder etwa zwölf Stunden im Salzbad. Bevor dieser Käse verzehrt werden kann, muss er 20 bis 30 Tage reifen. Erst danach beginnt die eigentliche, weitere vier bis fünf Monate dauernde Ausreifung im Keller, wobei die Laibe mit einer Ölschicht überzogen werden.

Lab: Lamm-Labpaste
Rinde: von goldgelber Farbe
Teig: weiß, kompakt oder mit leichter Lochung, bisweilen mit Öltröpfchen
Aussehen: flache Ober- und Unterseite mit einem Durchmesser von 12 cm
Dicke/Gewicht: 10 cm / 1–5 kg
Ursprungsgebiet: die Provinzen Rieti, Frosinone und Latina

SCHAFSMOLKE

Ricotta Romana

Die echte Ricotta Romana ist diejenige, die im *Agro romano*, der römischen Campagna, hergestellt wird, auch wenn die Bezeichnung mittlerweile allgemein für Ricotta, sogar für die industriell hergestellte, verwendet wird. Das Herstellungsverfahren ist klassisch: Die Molke wird auf 85 bis 90 °C erhitzt, bis sich die festen Bestandteile an der Oberfläche absetzen. Bei den Hirten ist es noch üblich, den Boden des Kessels mit einem Stab abzuklopfen, wobei sie an Hand des Klangs entscheiden, wann die Masse herausgeschöpft werden muss. Nachdem der Schaum von der Oberfläche entfernt wurde, wird die Ricotta herausgenommen und in Siebkörbe gefüllt. Auf die Zugabe von Säureregulatoren wird bei der Herstellung verzichtet.

Teig: weich, streichfähig, leicht körnig, kreideweiß mit braunen Schattierungen
Aussehen: unterschiedlich
Dicke/Gewicht: unterschiedlich / 2 kg
Ursprungsgebiet: die gesamte römische Campagna

KUHMILCH

Scacione/Caprone

Früher wurde dieser Käse ausschließlich aus Ziegenmilch hergestellt, darum wird er auch heute häufig noch «Caprone» (*capra* = Ziege) genannt. Es handelt sich um einen sehr vielseitigen Käse, der sofort verzehrt werden kann und vorrangig als Salatzutat, aber auch für Pizza und zum Frittieren verwendet wird. Heute wird er ausschließlich aus bei 72 °C pasteurisierter Kuhmilch hergestellt, die, auf 36 °C abgekühlt, mit Kalbslab im Häutchen versetzt wird. Nach 20 Minuten wird der Bruch zunächst grob zerkleinert, einige Minuten in der heißen Molke belassen und anschließend in kleinere, ungefähr walnussgroße Stücke geschnitten. Dann wird die Masse zum Trocknen in die Formen gefüllt. Der Teig wird direkt gesalzen. Die so hergestellten Laibe lässt man etwa anderthalb Stunden abtropfen, unmittelbar danach können sie verkauft werden.

Lab: Kalbslab im Häutchen oder als Paste
Rinde: sehr dünnes Häutchen
Teig: weiß, weich
Aussehen: flache Ober- und Unterseite, unterschiedlich
Dicke/Gewicht: 12 cm / 1,5 kg
Ursprungsgebiet: die Pontinischen Sümpfe

Ligurien
(Liguria)

Das ligurische Hinterland hat sich allmählich zugunsten der touristisch geprägten Küste entvölkert. Und doch werden dort auf den saftigen Weiden, auf denen es früher sehr viel Milchvieh gab, noch heute alte, traditionsreiche Käsespezialitäten hergestellt, die uneingeschränkte Wertschätzung verdienen.

SCHAFSMOLKE

Bruzzu

Der Bruzzu wurde bereits 1877 bei einer landwirtschaftlichen Erhebung, der so genannten «Inchiesta Jacini», als ein Milchprodukt erwähnt, das aus sauer gewordener fermentierter Ricotta hergestellt wird. Bis vor etwa 20 Jahren war dieser Käse sehr verbreitet und wurde in großen Mengen hergestellt. Danach war die Produktion stark rückläufig, während heute wieder ein gewisser Aufschwung zu verzeichnen ist. Der Bruzzu wird wie alle Ricotta-Sorten aus auf 70 bis 90 °C erhitzter Schafsmolke hergestellt. Im Gegensatz zur gängigen Ricotta wird die Käsemasse hier jedoch zum Abtropfen in Fascere und anschließend in kleine Bottiche gefüllt, in denen sie gärt. Das Salz wird während der Gärung hinzugefügt, es gibt aber auch eine ungesalzene Variante. Anschließend lagern die Holzgefäße etwa eine Woche im Keller, wo sie täglich gewendet werden.

Teig: von cremiger Konsistenz, elfenbeinfarben oder weißbraun
Dicke/Gewicht: unterschiedlich
Ursprungsgebiet: die Orte Triora, Molini di Triora, Cosio di Arroscia in der Provinz Imperia sowie Ormea in der Provinz Cuneo

ZIEGEN-, SCHAFS- ODER KUHMILCH

Formaggetta della Valle Argentina

Die Hirten produzieren diesen Käse aus der Milch, die ihnen gerade zur Verfügung steht. Dabei wird der Bruch für jeden Laib separat hergestellt. Einige fügen das Lab zu der Milch hinzu und verteilen die Mischung dann in kleine Formen, andere füllen zuerst die Milch in die Formen und mischen dann einzelne Labgaben bei. Der Bruch wird jedoch nie geschnitten, sondern beim Einfüllen aus dem Behälter in die Form vorsichtig von der Molke getrennt und kopfüber unzerkleinert eingefüllt. Die Gerinnung dauert etwa 20 bis 22 Stunden, und der Geschmack der nach dem traditionellen Herstellungsverfahren rohen Vollmilch hängt entscheidend von den Weiden ab, von denen sich die Tiere ernährt haben. Die Weiden des ligurischen Hinterlands sind reich an Kräutern, die der Milch einen besonderen Duft verleihen. Die Formaggetta wird hauptsächlich jung verzehrt, kann aber auch über längere Zeit hinweg reifen. Nach etwa drei Monaten lässt sie sich als Reibkäse für Pesto oder Gemüsetorten verwenden.

Lab: synthetisches Lab in flüssiger Form
Rinde: keine bei jungem Käse; mit zunehmender Reifung gelb bis ockerfarben
Teig: weiß, kompakt und weich bei jungem Käse; strohfarben, elastisch und fettreich, mit gleichmäßiger feiner Lochung bei gereiftem Käse
Aussehen: flache Ober- und Unterseite mit einem Durchmesser von etwa 10 cm
Dicke/Gewicht: 2–10 cm / 150–300 g
Ursprungsgebiet: das Hinterland von Savona und Imperia

Kuh-, Schafs- oder Ziegenmilch

Formaggetta Savonese

Die aus mehreren täglichen Melkungen gewonnene Milch mit geringem Säuregehalt wird in kleine, zylinderförmige Terrakotta-Behälter gefüllt und mit flüssigem Lab versetzt. Anschließend lässt man sie bei Umgebungstemperatur in 8 bis 24 Stunden gerinnen. Danach wird jeder Behälter langsam umgedreht und der Inhalt in eine Fascera gefüllt, wobei ein Zerfallen des Bruchs sorgsam vermieden wird. Man lässt die Molke abtropfen und bestreut die Oberfläche des Laibs von Hand mit Salz. Nach einigen Stunden wird der Laib in der Form umgedreht und die Unterseite gesalzen. Nach weiteren acht bis zwölf Stunden kann die Formaggetta herausgenommen und verzehrt werden, durchaus aber auch noch weitere 30 Tage reifen. Die bekannte Formaggetta di Stella wird heute nur noch in einer lokalen Käserei der Gemeinde Stella aus 90 Prozent Ziegenmilch und 10 Prozent Kuhmilch hergestellt.

Lab: flüssiges Kalbslab
Rinde: bei jungem Käse nicht vorhanden; dünn, weich und strohfarben bei gereiftem Käse
Teig: unterschiedliche Farbe von weiß bis strohgelb je nach Reifegrad, kompakt, weich, mit charakteristischem, leicht saurem Geruch
Aussehen: flache Ober- und Unterseite mit einem Durchmesser von 12 cm
Dicke/Gewicht: 3 cm / 200–500 g
Ursprungsgebiet: die Provinz Savona

Formaggio d'alpeggio di Triora

Für diesen Almkäse wird die Rohmilch auf 37 °C erwärmt und mit flüssigem Lab versetzt (einige Versionen werden auch mit pasteurisierter Milch hergestellt). Nach rund zwei Stunden wird der Bruch haselnussgroß zerkleinert; sobald er sich auf dem Boden des Kessels abgesetzt hat, lässt man ihn etwa eine Stunde ruhen. Anschließend wird die Masse herausgeschöpft, direkt gesalzen und in Formen gefüllt, in denen sie drei bis vier Tage gepresst wird. Danach reifen die Laibe etwa drei Monate in einem feuchten und kühlen Raum. Häufig dauert die Affinage jedoch bis zu einem Jahr, und gerade diese reifen Käse weisen die größte organoleptische Komplexität auf.

Lab: flüssiges Kalbslab
Rinde: rau, teilweise mit Rillen von den Körben, strohfarben bis braun mit zunehmender Reife
Teig: kompakt, gepresst, von goldgelber Farbe, eventuell mit einigen Löchern
Aussehen: flache Ober- und Unterseite mit einem Durchmesser von 25–40 cm
Dicke/Gewicht: 5 cm / 5–7 kg
Ursprungsgebiet: die Berge um den Ort Triora

Prescinseûa

Der Ursprung dieser Dialektbezeichnung ist unklar, obwohl die Prescinseûa in Genua sehr bekannt ist. Hergestellt wird sie aus Milchrahm, den man erhält, indem man Kuhmilch sauer werden lässt; eventuell werden noch Milchfermente hinzufügt. Nachdem die Milch fest geworden ist, filtert man die Masse durch ein Tuch. Früher wurde der Rahm anschließend in kleine Tongefäße gefüllt, heute benutzt man Kunststoff- oder Glasbehälter. Der säuerliche Geschmack der Prescinseûa erinnert an Joghurt. Sie wird im Allgemeinen mit Zucker bestreut als Tafelkäse verzehrt, am häufigsten jedoch in der Küche als Zutat in klassischen ligurischen Gerichten, wie *focaccia* oder traditionellen Ostertorten, verwendet.

Teig: cremig, streichfähig
Gewicht: unterschiedlich
Ursprungsgebiet: Genua und das Genueser Hinterland

San Sté

San Sté ist ein Fantasiename für einen Käse, der einst typisch für das Val d'Aveto war, später aber kaum mehr hergestellt wurde. Als eine neue lokale Käserei entstand, wollte man diesen traditionsreichen Käse wieder aufleben lassen. Heute wird er aus der Milch der braunen Bergkühe oder der Cabanina-Kühe produziert, die in dieser Region gezüchtet werden. Man erwärmt die Milch auf 35 °C und bringt sie mit Kalbslab zur Gerinnung. Der Bruch wird auf Reiskorngröße zerkleinert, in ein Tuch gefüllt und auf einem Tisch geknetet. Mit grobkörnigem Salz eingerieben, wird der Teig in die Fascere gefüllt und anschließend gepresst. Danach nimmt man die Laibe heraus und legt sie zwei Tage in ein Salzbad – ein Arbeitsschritt, der notwendig ist, damit die Rinde fest werden kann. Zuletzt kommen die Käse in feuchte und kühle, nicht belüftete Reiferäume, in denen sie mindestens 60 Tage reifen. Während dieser Zeit werden sie gelegentlich gewendet und geölt.

Lab: Kalbslab als Paste oder Pulver
Rinde: dünn, kompakt, elastisch, von goldgelber bis brauner Farbe
Teig: kompakt, mit einigen Löchern, strohfarben bis weiß
Aussehen: flache Ober- und Unterseite mit einem Durchmesser von 30–35 cm
Dicke/Gewicht: 10 cm / 12 kg
Ursprungsgebiet: das Val d'Aveto in der Provinz Genua

KUHMILCH

Stagionato de Vaise

Die im Jahr 1978 gegründete Käsereigenossenschaft Val di Vara hat die Produktion eines klassischen gereiften Toma-Käses des Apennin wieder aufgenommen und verwendet dafür ohne Ausnahme Milch aus biologischer Viehhaltung. Die Milch wird pasteurisiert, auf 38 °C erhitzt und mit Milchfermenten sowie Kalbs-Labpulver inokuliert. Nach 32 Minuten zerkleinert man den Bruch in drei Phasen, jeweils in einem Abstand von fünf Minuten. In der ersten Phase macht man ihn walnussgroß, in der zweiten mandelgroß und in der dritten haselnussgroß. Dann lässt man die Molke austreten, indem man die Masse auf 45 °C erhitzt und den Bruch halbkocht. Nach vier Stunden Trocknung bei 38 °C werden die Käselaibe herausgenommen und trocken gesalzen. Bis zur völligen Ausreifung, die im Durchschnitt 60 Tage dauert, lagern sie dann in einem speziellen Raum bei einer Luftfeuchtigkeit von zehn bis zwölf Prozent.

Lab: Kalbs-Labpulver
Rinde: glatt und hart, von unterschiedlicher Farbe: hell- bis dunkelbraun
Teig: elastisch, kompakt, strohfarben
Aussehen: flache Ober- und Unterseite mit einem Durchmesser von 18 cm
Dicke/Gewicht: 5–7 cm / 1,5–2 kg
Ursprungsgebiet: das Val di Vara in der Provinz La Spezia

Lombardei
(Lombardia)

Was Qualität, Quantität und Auswahl angeht, ist die Lombardei neben Piemont die italienische Käseregion schlechthin. Von Knet- bis Ziegenkäse, von gereiften Käsesorten bis zu den Toma-Almkäsen, vom Weichkäse bis zum Käse mit gewaschener Rinde – fast alle Typen sind hier vertreten.

Kuhmilch

Agrì di Valtorta

Es handelt sich hier um einen typischen Käse aus dem Valtorta, einem kleinen, lange vergessenen Tal fernab der großen Verkehrswege. Der frisch gemolkenen und auf 32 bis 35 °C erwärmten Milch wird, zusammen mit dem Lab, etwas saure Molke hinzugefügt. Daher rührt auch der Name «Agrì» (*agro* = sauer). Die Gerinnung erfolgt in zwei bis drei Stunden, anschließend lässt man den Teig zwei Tage lang auf sauberen Tüchern ruhen, damit er abtropfen kann. Zuletzt wird er für einen Tag in Ricotta-Formen gefüllt und von Hand gesalzen. Dieser Käse wird immer sofort verzehrt. Er riecht intensiv nach Milch und hinterlässt einen säuerlichen Geschmack im Mund.

Lab: flüssiges Kalbslab
Teig: trocken, weich, von weißer Farbe, die nach einer kurzen Reifezeit von 1–2 Wochen blassgelb wird
Aussehen: flache Ober- und Unterseite
Dicke/Gewicht: 6–7 cm / 70–80 g
Ursprungsgebiet: das Valtorta im oberen Brembanatal in der Provinz Bergamo

Bagoss

Die Dialektbezeichnung *Bagoss* bedeutet «aus Bagolino» – ein Ort im Val del Caffaro, aus dem dieser Käse ursprünglich stammt. Die Gerinnung der teilentrahmten Rohmilch von braunen Bergkühen oder rotbunten Kühen erfolgt bei 37 °C in etwa 30 Minuten. Der Bruch wird in zwei Phasen in einem Abstand von 15 Minuten bis auf Maiskorngröße zerkleinert und anschließend bei 48 bis 49 °C halbgekocht. Dann lässt man die Masse an die 40 Minuten ruhen, sie setzt sich während dieser Zeit am Boden des Kessels ab. Nun wird sie herausgeschöpft und in die Formen gefüllt. Es folgt die einen Tag dauernde Pressung. In den folgenden drei bis vier Monaten werden die Laibe zweimal wöchentlich trocken gesalzen. Der Zusatz von Safran zum Einfärben des Teigs ist zulässig. Während des Reifens wird die Rinde mit nicht raffiniertem Leinöl eingerieben. Der Bagoss wird auch – nach der Stadt Brescia – Grana Bresciano genannt. Sein Geschmack ist sehr aromatisch.

Lab: Kalbs-Labpulver
Rinde: glatt und etwas hart, von gelboranger Farbe, wird während des Reifens mit nicht raffiniertem Leinöl eingerieben
Teig: strohgelb, von körniger Textur, mit einigen Löchern
Aussehen: flache Ober- und Unterseite mit einem Durchmesser von 35–40 cm
Dicke/Gewicht: 12–14 cm / 15–16 kg
Ursprungsgebiet: die Täler Caffaro, Camonica, Trompia, Sabbia und Dorizza in der Provinz Brescia

Bernardo

Ein typischer Sommerkäse, der auf der Alm hergestellt und zumeist frisch verzehrt wird. Die Rohmilch wird bei 35 °C zum Gerinnen gebracht. Der grob zerkleinerte Bruch wird bei etwa 40 °C halbgekocht. Nachdem man die Masse herausgeschöpft hat, fügt man ein wenig Safranpulver hinzu, hüllt sie in Tücher und füllt sie so in die Fascere. Die Käselaibe, die vor dem Verzehr etwa zwei Wochen auf Holzbrettern ruhen, werden trocken gesalzen. Beim frischen Käse ist so gut wie keine Rinde vorhanden, der Teig ist rötlich-gelb, weich und von delikatem Geschmack. Bei dem selteneren gereiften Käse ist die Rinde gelbbraun, der Teig weist ziemlich viele mittelgroße Löcher auf und der Geschmack ist intensiver und aromatischer.

Lab: flüssiges Kalbslab
Rinde: fast nicht vorhanden
Teig: rötlich-gelb, weich, von delikatem Geschmack
Aussehen: flache Ober- und Unterseite
Dicke/Gewicht: 3 cm / 1 kg
Ursprungsgebiet: das Gebiet um Clusone in der Provinz Bergamo

KUH- UND ZIEGENMILCH

Bitto DOP

Der Name des Käses geht auf den Gebirgsbach Bitto zurück und ist keltischen (= ewig) oder germanischen (= Bett) Ursprungs. Der Bitto fließt durch das gleichnamige Tal und mündet auf der Höhe von Morbegno, Standort des in Italien berühmten Bitto-Markts, in die Adda. Der Käse wird ausschließlich in den Sommermonaten nach zumeist alten und rein handwerklichen Verfahren in den Sennereien oder den *calecc* hergestellt (Unterkünften aus Stein, ohne Dach, die, wenn nötig, mit großen Tüchern abgedeckt werden). Die frisch gemolkene Kuhmilch kann mit bis zu zehn Prozent Ziegenmilch gemischt werden und wird bei 39 bis 49 °C leicht erhitzt. Anschließend lässt man sie 20 bis 40 Minuten lang gerinnen. Der Bruch wird bis auf Reiskorngröße zerkleinert und 20 bis 60 Minuten bei 45 bis 53 °C gekocht. Anschließend wird die Masse von der Feuerstelle genommen, 15 Minuten gerührt und dann in die Fascere gefüllt. Die Laibe werden mit grobem Kochsalz eingerieben, das über einen Zeitraum von drei bis vier Wochen etwa alle zwei bis drei Tage erneuert wird. Die Rinde des Bitto ist dünn und strohfarben und bräunt mit der Zeit nach. Der Teig ist kompakt, mit wenigen «Pfauenaugen»-Löchern, der Geschmack des jungen Käses mild und harmonisch. Mit zunehmender Reife, die bis zu zehn Jahre dauern kann, wird der Teig zunehmend kompakter und härter, die Farbe goldgelb, der Geschmack kräftig und aromatisch, manchmal sogar pikant. Die mindestens 70 Tage dauernde Ausreifung beginnt stets in den Käsehütten auf der Alm und wird dann in Lagerhäusern im Tal fortgesetzt.

Lab: flüssiges Kalbslab
Rinde: dünn, strohfarben bis braun mit zunehmender Reife
Teig: kompakt, mit wenigen «Pfauenaugen»-Löchern
Aussehen: flache Ober- und Unterseite mit einem Durchmesser von 30–50 cm
Dicke/Gewicht: 8–10 cm / 8–25 kg
Ursprungsgebiet: die ganze Provinz Sondrio, insbesondere die Valtellina sowie die Orte Averara, Carona, Cusio, Foppolo, Mezzoldo, Piazzatore, Santa Brigida und Valleve in der Provinz Bergamo
DOP vom 01.07.1996, Verordnung Nr. 1263

Der Bitto eignet sich hervorragend für eine lange Reifezeit: Einige Laibe sind bis zu zehn Jahre alt.

KUHMILCH

Branzi

Der Branzi ist eine Variante des Formai de mut, sein Name leitet sich von dem Ort Branzi ab. Die Rohmilch wird bei 34 bis 36 °C in etwa 30 Minuten zur Gerinnung gebracht. Nachdem man den Bruch in feine Kügelchen zerkleinert hat, kocht man den Teig 30 Minuten bei 43 bis 46 °C. Anschließend wird er in die Fascere gefüllt, mit speziellen Tüchern *(patte)* abgedeckt und etwa eine Stunde lang gepresst. In den Almhütten werden die Käselaibe trocken gesalzen, im Winter jedoch, wenn der Branzi in der Käsegenossenschaft im Ort hergestellt wird, in Salzlake getaucht. Der Geschmack ist mild und fein, wird mit zunehmender Reife aber eher kräftig bis pikant. Trotz überall identischer Herstellungsverfahren weist dieser Käse, insbesondere der Almkäse, organoleptische Eigenschaften auf, die je nach Herkunft leicht differieren können. Der Branzi ist in der Küche sehr vielseitig einsetzbar und passt besonders gut zu Polenta.

Lab: flüssiges Kalbslab
Rinde: glatt, dünn, gelblich und elastisch
Teig: weich, strohfarben, mit kleinen Löchern
Aussehen: flache Ober- und Unterseite mit einem Durchmesser von 40–45 cm
Dicke/Gewicht: 8–9 cm / 12–15 kg
Ursprungsgebiet: der Ort Branzi und die angrenzenden Gebiete des Brembanatals in der Provinz Bergamo

Caprino stagionato

Die rohe Vollmilch oder teilentrahmte Milch wird leicht gesalzen, mit wenig Molkeimpfkulturen versetzt und bei niedrigster Temperatur zur Milch- oder sauren Gerinnung gebracht, die im Durchschnitt in 24 Stunden abgeschlossen ist. Nachdem die Masse die richtige Konsistenz hat, füllt man sie unzerkleinert in gelöcherte Käseformen, in denen sie etwa 24 Stunden bleibt, damit die Molke ablaufen kann. Die kleinen Formen werden häufig gewendet, die Laibe anschließend trocken gesalzen. Nach drei bis vier Tagen des Reifens wird der Caprino stagionato (wörtlich: gereifter Ziegenkäse) bereits verkauft, obwohl die Tradition von Valsassina eine Reifezeit von mindestens 30 Tagen vorsieht. Bisweilen wird der Käse mit Petersilie, Knoblauch, Schnittlauch oder mit gemahlenem Pfeffer gewürzt. Der oben abgebildete Caprino stagionato wird im Dialekt *Furmagin pasà* genannt.

Rinde: neigt dazu, sich mit einem leichten Schimmel zu überziehen, der mit zunehmender Reife eine rötliche Farbe annimmt
Teig: kompakt, elfenbeinfarben, glatt, feucht
Aussehen: flache Ober- und Unterseite mit einem Durchmesser von etwa 3 cm
Dicke/Gewicht: 10 cm / 300–500 g
Ursprungsgebiet: Valsassina und die Orte Intelvi und Montevecchio in der Provinz Como

Crescenza

Die heute fast ausschließlich industriell hergestellte Crescenza verdankt ihren Namen wohl dem lateinischen Wort *carsenza* (= Fladen). In der Tat gärt dieser Käse schon, wenn er in einem warmen Raum aufbewahrt wird, und geht auf wie ein Hefeteig. Die Crescenza gehört zur Familie der Stracchino-Käse. Zunächst lässt man die pasteurisierte Milch 30 Minuten bei 37 °C gerinnen. Der Bruch wird in zwei aufeinander folgenden Phasen zerkleinert, zwischen denen eine Ruhezeit von 30 Minuten vorgesehen ist. Die Masse wird dann umgerührt und in spezielle, mit Löchern versehene Formen gefüllt. Der Käse kann nun bei 22 bis 24 °C fünf Stunden lang trocknen. Die Salzung erfolgt im Salzbad. Die Crescenza reift in fünf bis sechs Tagen und muss sofort verzehrt werden. Ihr Geschmack ist mild und delikat, der Geruch erinnert an Milch. Um das Problem der geringen Haltbarkeit zu lösen, werden zwei verschiedene Sorten hergestellt: ein Winterkäse mit weichem und cremigem Teig und ein etwas festerer Sommerkäse.

Lab: flüssiges Kalbslab
Teig: homogen, kompakt, weiß, butterartig und zart schmelzend im Mund
Aussehen: unterschiedlich, flache Ober- und Unterseite
Dicke/Gewicht: 4–5 cm / 1,8–2 kg
Ursprungsgebiet: die gesamte Po-Ebene

Formai de mut DOP

Formai de mut könnte wörtlich mit «Bergkäse» übersetzt werden, *mut* bedeutet im lokalen Dialekt aber nicht «Berg», sondern «Bergweide» oder «Alm». Das Milchvieh wird in der Tat ausschließlich mit Gras – frischem oder Heu – von den zwischen 1200 und 2500 Meter hoch gelegenen Weiden gefüttert. Nur im Winter ergänzt man das Futter mit Getreidemischungen, Mais oder Grassilage. Die Herstellung dieses Käses erfolgt vor allem im Sommer. Die Milch wird in große Kessel mit einer Kapazität von 300 bis 400 Liter gefüllt, wobei man für die Herstellung von einem Kilogramm Käse zehn Liter Milch benötigt. Die Gerinnung erfolgt bei einer Temperatur von 35 bis 37 °C innerhalb von 30 Minuten. Nach der Zerkleinerung des Bruchs auf Reiskorngröße wird der Teig bei 45 bis 47 °C halbgekocht und anschließend, außerhalb der Feuerstelle, kräftig durchgerührt. Danach wird die Masse durch spezielle Tücher *(patte)* gepresst. Nach der Ruhezeit und dem Austritt der Molke wird sie in gelochte Formen gefüllt, nochmals umgerührt und gepresst. Die Salzung erfolgt zunächst direkt im Teig, in den darauf folgenden ein bis zwei Wochen zusätzlich jeden zweiten Tag trocken oder im Salzbad. Die Rinde des Formai ist dünn, kompakt, glatt, strohgelb und wird mit zunehmender Reife grau. Der Teig ist elfenbeinfarben bis strohfarben, kompakt, elastisch, mit einigen Löchern, die sehr klein bis pfauenaugengroß sein können. Der Geschmack ist delikat, rund, wenig salzig und nicht pikant. Nach einer Mindestreifezeit von 40 bis 45 Tagen kann der Formai de mut für vielerlei Gerichte verwendet, nach einer längeren Reifezeit – deutlich mehr als sechs Monate – aber auch als Tafelkäse verzehrt werden.

Lab: flüssiges Kalbslab, seltener Kalbs-Labpaste
Rinde: dünn, kompakt, glatt, strohgelb bis grau mit zunehmender Reife
Teig: elfenbeinfarben bis strohfarben, kompakt, elastisch, mit wenigen kleinen bis pfauenaugengroßen Löchern
Aussehen: flache oder halbflache Ober- und Unterseite mit einem Durchmesser von 30–40 cm
Dicke/Gewicht: 8–10 cm / 8–12 kg
Ursprungsgebiet: das obere Brembanatal in der Provinz Bergamo
DOP vom 12.06.1996, Verordnung Nr. 1107

Heute wird der Formai de mut das ganze Jahr über hergestellt; der beste ist aber immer noch der während der Sommermonate auf der Alm erzeugte.

Kuhmilch

Grana Padano DOP

Der Grana Padano wird fast in der ganzen Po-Ebene, bis nach Trient, hergestellt, wobei sich Lodi und Codogno um den Ursprung streiten. Man produziert den Käse das ganze Jahr über aus der Milch von Kühen, die mit frischem Grünfutter oder konserviertem Silagefutter ernährt werden (in letzterem Fall nennt man den im Winter erzeugten Käse auch Vernengo). Die Rohmilch aus zwei Melkungen vom gleichen Tag, durch Aufrahmung teilweise entrahmt, wird in große Kupferkessel mit einer Kapazität von zehn Hektolitern gefüllt – diese Menge reicht für die Herstellung von zwei Käselaiben. Die Milch gerinnt bei 31 bis 33 °C in zehn Minuten. Anschließend wird der Bruch hirsekorngroß zerkleinert. Der Teig wird dann bei 43 bis 44 °C einige Minuten lang ein erstes Mal und schließlich bei 54 bis 56 °C ein zweites Mal gekocht. Ist die Masse sauer und elastisch genug, wird sie mit Tüchern herausgeschöpft und in zwei Blöcke geteilt, die man dann in die Fascere füllt. Die Laibe werden mehrmals gewendet und anschließend an die 28 Tage im Salzbad gesalzen. Im Anschluss daran folgen Reifephase und Ausreifung, die in Räumen mit einer gleichbleibenden Temperatur von 18 bis 20 °C und einer konstanten Luftfeuchtigkeit von 85 Prozent in einem Zeitraum von 12 bis 36 Monaten stattfinden. Währenddessen werden die Laibe ständig kontrolliert, gewendet und gereinigt. Die Rinde, die das Herkunftszeichen des Aufsichtsverbandes tragen muss, ist hart, glatt und dick, von dunkelgelber bis goldgelber Farbe. Der strohgelbe, feinkörnige Teig zeigt strahlenförmige, schuppenartige Risse. Es gibt keine Lochung. Im Mund ist der Käse wohlschmeckend, von eindeutigem, delikatem, aber niemals pikantem Geschmack. Er kann sowohl als Tafel- wie auch als Reibkäse verwendet werden.

Lab: flüssiges Kalbslab
Rinde: hart, glatt, dunkelgelb bis goldgelb
Teig: strohgelb, feinkörnig, mit strahlenförmigen, schuppenartigen Rissen
Aussehen: flache Ober- und Unterseite mit einem Durchmesser von 35–45 cm
Dicke/Gewicht: 18–25 cm / 24–40 kg
Ursprungsgebiet: die Provinzen Alessandria, Asti, Cuneo, Novara, Turin, Vercelli, Bergamo, Brescia, Como, Cremona, Mantua, Mailand, Pavia, Sondrio, Varese, Trient, Padua, Rovigo, Treviso, Venedig, Verona, Vicenza, Bologna, Ferrara, Forlì, Piacenza und Ravenna
DOP vom 12.06.1996, Verordnung Nr. 1107

Der Grana Padano muss das Herkunftszeichen des Aufsichtsverbandes, die Nummer der Käsehütte und das Herstellungsdatum gut sichtbar auf der Rinde tragen.

KUHMILCH

Magnocca/Maioc/Maiocca

Dieser Käse wird im Valchiavenna und den angrenzenden Tälern produziert. Er ist in der Tat den verschiedenen Alpen-Toma-Sorten unterschiedlicher Herkunft ganz ähnlich, deren Herstellung teilweise an die des Casolet erinnert. Man erwärmt die rohe Vollmilch oder leicht entrahmte Milch und versetzt sie mit flüssigem Kalbslab. Nach etwa 30 Minuten wird der Bruch recht grob zerkleinert, aber im Gegensatz zur Herstellung des Casolet nicht gekocht. Die Masse wird mit Tüchern herausgenommen und nach dem Abtropfen in die Fascere gefüllt. Sobald die Molke sich vollständig abgetrennt hat, geht man zur Salzung über, die trocken oder im Salzbad erfolgen kann. Danach wird der Magnocca zum Reifen in relativ feuchte Keller gebracht, wo er mindestens 16 bis 30 Tage verbleibt. Er kann jedoch mehrere Monate, sogar bis zu einem Jahr, ausreifen. Der im Valtellina erzeugte Scimuda wird nach dem gleichen Verfahren hergestellt.

Lab: flüssiges Kalbslab
Rinde: hart, kompakt, unterschiedliche Farbe von strohfarben bis grau
Teig: kompakt, strohgelb, mit zunehmender Reifung immer bröckeliger
Aussehen: flache Ober- und Unterseite mit einem Durchmesser von 25–30 cm
Dicke/Gewicht: 8–10 cm / 10 kg
Ursprungsgebiet: das Valchiavenna und das Valle San Giacomo in der Provinz Sondrio

Magro di piatta

Dieser Magro ist einer der fettärmsten Käse Italiens. Um die Milch zu entrahmen, füllt man sie gleich auf der Alm in Metallbecken, die anschließend in fließendes kaltes Wasser getaucht werden. Nach etwa 16 Stunden schöpft man das spontan aufgerahmte Fett ab. Die Milch wird auf 35 °C erwärmt, mit Lab versetzt und dickgelegt. Nach anderthalb Stunden wird die Temperatur erhöht, und man kocht die Masse bei 42 °C unter ständigem Rühren etwa 30 Minuten halb. Dann wird der Bruch abgetrennt und in Holzformen ohne Boden gefüllt, in denen er die nächsten zwei Tage bleibt. Um den Käse zu salzen, taucht man die aus den Formen gelösten Laibe in die zuvor gesalzene Molke. Anschließend werden sie zum Reifen in relativ feuchte Keller gebracht. Nach mindestens 60 Tagen ist der Magro verzehrfertig, die Ausreifung kann aber durchaus noch ein Jahr oder länger dauern.

Lab: Kalbslab in flüssiger Form oder als Paste
Rinde: kompakt und hart bei gereiftem Käse, von gelbbrauner bis grauer Farbe
Teig: eher hart, bröckelig, mit kleinen Löchern, strohfarben bis grünlich schimmernd bei zunehmender Reife
Aussehen: flache Ober- und Unterseite mit einem Durchmesser von 25–30 cm
Dicke/Gewicht: 9–12 cm / 6–7 kg
Ursprungsgebiet: das Valdisotto und die Gegend um Bormio

Mascarpone

Angeblich stammt der Name von der Bezeichnung *mascarpa*, wie ein Nebenprodukt der Molke des Stracchino-Käses heißt. Eine recht folkloristische Auslegung führt den Ursprung des Namens auf das spanische *mas que bueno* (= mehr als gut) aus der Zeit der spanischen Besetzung zurück. Der Mascarpone (oder auch Mascherpone) wird aus durch Zentrifugieren oder Aufrahmen entstandener Sahne hergestellt. Der Fettgehalt schwankt zwischen 25 und 40 Prozent. Der Bruch entsteht in etwa zehn Minuten durch die Anreicherung mit organischen Säuren. Er wird im Wasserbad unter ständigem Rühren auf 85 bis 90 °C erhitzt. Anschließend lässt man die Masse 8 bis 15 Stunden bei niedrigen Temperaturen ruhen, füllt den Bruch dann in Tücher und trennt ihn so von der Molke. Nach einer weiteren kurzen Ruhezeit wird die restliche Molke entfernt, und der Mascarpone ist verzehrfertig. Er kann mit Zucker und Kakao serviert werden und eignet sich gut für die Zubereitung von Nachspeisen. Ursprünglich stammt er aus der Gegend von Lodi und Abbiategrasso.

Lab: Wein-, Zitronen- oder Essigsäure
Teig: cremig, weich, weiß, mit süßem Sahnegeschmack, der nach einigen Tagen leicht säuerlich wird
Dicke/Gewicht: unterschiedlich
Ursprungsgebiet: die gesamte Lombardei

Pannerone Lodigiano

Die Bezeichnung «Pannerone» leitet sich von dem Wort *panera* ab (im Mailänder Dialekt «Milchrahm»), während «Lodigiano» auf die Stadt Lodi verweist. Die Rohmilch wird auf 28 bis 32 °C erwärmt und in 30 Minuten zur Gerinnung gebracht. Der Bruch wird in zwei Phasen zunächst relativ grob, dann, nach einer Ruhezeit, in maiskorngroße Stücke zerkleinert. Die Masse wird dabei ständig umgerührt und warm gehalten, bis sie schließlich mit speziellen Tüchern *(patte)* herausgenommen wird. Nun lässt man den Teig bei 26 °C so lange trocknen, bis die Molke vollständig ausgetreten ist. Dann wird er zerkleinert in die Fascere gefüllt, in denen er vier Tage bleibt. Nachdem die Laibe aus den Formen genommen wurden, wickelt man sie in spezielles Papier, legt sie erneut in Holzformen und lässt sie in Kühlräumen etwa zwei Wochen bei 8 bis 10 °C reifen. Dieser Käse wird nicht gesalzen. Man nennt ihn auch «weißen Gorgonzola», da er die gleichen Ausmaße wie dieser hat, allerdings enthält der Pannerone keine Schimmelpilze.

Lab: flüssiges Kalbslab
Rinde: feucht, dünn, von rötlich-gelber Farbe
Teig: bröckelig, nicht kompakt, mit unterschiedlich verteilten kleinen Rissen, elfenbeinfarben
Aussehen: flache Ober- und Unterseite mit einem Durchmesser von 25–30 cm
Dicke/Gewicht: 20 cm / 10–12 kg
Ursprungsgebiet: die Stadt Lodi und die angrenzenden Gebiete

Provolone Valpadana DOP

Der Provolone ist ursprünglich ein typischer süditalienischer Käse, aber bereits gegen Ende des 19. Jahrhunderts dehnte sich seine Produktion auch auf die Po-Ebene und insbesondere auf die zwischen Brescia und Cremona gelegene Gegend aus. Der Name geht auf den neapolitanischen Dialekt zurück und fordert dazu auf, das frische Milchprodukt zu probieren (*prova/provola* = Probiere!). Die pasteurisierte Vollmilch wird bei 37 °C 15 Minuten dickgelegt. Nachdem der Bruch auf Maiskorngröße zerkleinert wurde, kocht man ihn bei 49 bis 50 °C. Sobald die Masse die richtige Konsistenz hat, knetet man den Teig in 70 °C heißem Wasser. Anschließend wird er geformt und abgekühlt. Der Provolone Valpadana ist in verschiedenen Formen im Handel zu finden: in Wurst-, Melonen-, Kegelstumpf- und Birnenform oder in Form einer kleinen Flasche. Jede Form kann überdies unterschiedlich in Größe und Gewicht sein. Die Laibe werden im Salzbad gesalzen, dann lässt man sie etwa 20 Tage reifen. Vor der Ausreifung werden sie mit Schnur umwickelt und an speziellen Vorrichtungen aufgehängt. Die Rinde ist glatt, dünn, glänzend und goldgelb, der Teig kompakt, eventuell auch leicht blättrig mit einigen wenigen Löchern. Der strohgelbe, bis zu drei Monaten alte Provolone ist von feinem Geschmack (für die milde Sorte wird Kalbslab verwendet), der mit zunehmender Reife immer pikanter wird. Für die pikante Variante kann auch Zicklein- oder Lammlab bzw. eine Mischung aus beiden verwendet werden. Der Provolone ist – auch in der geräucherten Version – ein hervorragender Tafelkäse und wird dank seiner guten Schmelzeigenschaften zudem gerne in der Küche eingesetzt. Man stellt ihn in verschiedenen Regionen Norditaliens her: in der Lombardei in den Provinzen Bergamo, Mantua und Mailand, in Venetien in den vier Provinzen Verona, Vicenza, Rovigo und Padua, in der Emilia Romagna in der Provinz Piacenza und im Trentino an vielen Orten der Provinz Trient.

Lab: Zicklein- oder Lamm-Labpaste für die pikante Sorte, flüssiges Kalbslab für die milde Sorte
Rinde: glatt, dünn, glänzend und goldgelb
Teig: kompakt, mit einigen wenigen Löchern
Aussehen: unterschiedlich je nach Form
Gewicht: bis 100 kg
Ursprungsgebiet: die Provinzen Cremona, Brescia, Verona, Vicenza, Rovigo, Padua und Piacenza sowie Teile der Provinzen Bergamo, Mantua, Mailand und Trient
DOP vom 12.06.1996, Verordnung Nr. 1107

Der Provolone ist der Käse mit den vielfältigsten Formen und Gewichten: Folge seines sehr alten Ursprungs und der jeweils lokalen Verbundenheit, denn jeder Ort hat eine eigene, charakteristische Form entwickelt. Die blättrige Struktur ist typisch für lange gereiften Knetteig.

KUHMILCH

Quartirolo Lombardo DOP

Der Name geht auf das Futter zurück, das die Kühe in der Zeit der Käseherstellung erhalten: das frische Grünfutter aus dem vierten Grasschnitt, das so genannte *quartirolo* (*quarto* = vierter), das einen besonders starken Duft und Geschmack hat. Früher nannte man diesen Käse auch «Stracchino quartirolo della Val Taleggio» oder «Quartirolo di Monte». Heute kann man ihn zwar das ganze Jahr über produzieren, aber der beste ist noch immer der im Herbst von September bis Oktober hergestellte. Er wird aus Kuhvollmilch oder teilentrahmter Milch von zwei oder mehr Melkungen erzeugt. Die Gerinnung erfolgt in 25 Minuten bei einer Temperatur von 35 bis 40 °C. Der Bruch wird dann in zwei Phasen zerkleinert, die sich nach der Säureentwicklung der Molke richten. Zuletzt besteht er aus etwa haselnussgroßen Körnern. Die mit Molke vermischte Käsemasse wird in die Formen gefüllt und 4 bis 24 Stunden bei 26 bis 28 °C getrocknet. Das Salzen wird trocken oder im Salzbad vorgenommen. Die Weichkäsesorte reift in 5 bis 30 Tagen. Nach 30 Tagen kommt der Käse mit der Bezeichnung «reif» in den Handel. Der Quartirolo di Monte wird dagegen direkt in den Sennereien aus frisch gemolkener Milch ohne Zusatz von Fermenten hergestellt. Das Trocknen erfolgt ohne äußeren Eingriff und das Salzen trocken. Die Rinde ist dünn und von rosaweißer Farbe beim kurz gereiften Käse, graugrün-rötlich beim länger gereiften. Der Teig ist einheitlich verbunden, leicht klumpig und mit zunehmender Reife schmelzend. Die Farbe variiert von weiß bis strohgelb je nach Reifegrad. Bei jungem Käse ist der Geschmack leicht säuerlich, während er mit fortgeschrittener Reife aromatisch und leicht bitter wird.

Lab: flüssiges Kalbslab
Rinde: dünn, rosaweiß bei kurz gereiftem und graugrün-rötlich bei länger gereiftem Käse
Teig: einheitlich verbunden, leicht klumpig, mit zunehmender Reife bröckelig, weich und schmelzend
Aussehen: flache Ober- und Unterseite mit einem Durchmesser von 18–22 cm
Dicke/Gewicht: 4–8 cm / 1,5–3,5 kg
Ursprungsgebiet: das gesamte Gebiet der Provinzen Brescia, Bergamo, Como, Cremona, Mailand, Pavia und Varese
DOP vom 12.06.1996, Verordnung Nr. 1107

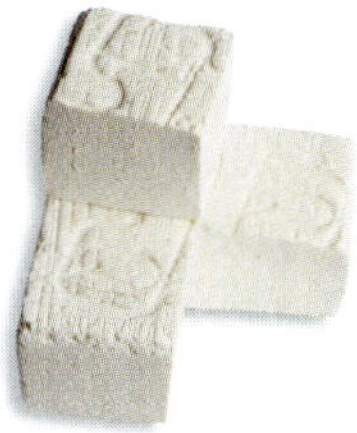

Der Quartirolo kann sehr frisch verzehrt werden. In diesem Fall hat er fast keine Rinde.

Nach einer gewissen Reifezeit ähnelt sein Aussehen dem des Taleggio.

KUHMILCH

Salva

Früher wurde dieser Käse im Mai hergestellt, um den Milchüberschuss des Frühjahrs zu verwerten. *Salva* (= rettet!) ist also ein treffender Name für einen Käse, der das wirtschaftliche Überleben vieler Käsereien gewährleistete. Die Herstellung orientiert sich an derjenigen des Quartirolo, allerdings wird die Milch bei einem höheren Säuregrad verarbeitet und der Bruch in winzige Körner zerkleinert. Die pasteurisierte Vollmilch oder teilentrahmte Milch wird bei 36 °C etwa 30 Minuten dickgelegt, der Bruch dann in zwei aufeinander folgenden Phasen, in einem Abstand von 10 bis 15 Minuten, zerkleinert. Nach einer kurzen Ruhezeit wird er herausgenommen und in die Fascere gefüllt, in denen er bei etwa 25 bis 30 °C 18 bis 24 Stunden trocknet. Die Käselaibe reifen in kühlen Räumen. Nach etwa einem Monat können sie verzehrt werden oder reifen weiter aus. Der junge Käse hat einen zarten Geschmack, der mit zunehmender Reife aromatischer wird.

Lab: flüssiges Kalbslab
Rinde: haselnussfarben bis dunkelbraun je nach Reifegrad
Teig: kleine, fast nicht vorhandene Lochung, eventuell leicht blättrig, strohfarben-weiß
Aussehen: flache Ober- und Unterseite mit einer Breite von 20–23 cm
Dicke/Gewicht: 10–18 cm / 3–4 kg
Ursprungsgebiet: das Gebiet von Franciacorta (Provinz Brescia) sowie einige Orte in der Gegend von Bergamo und Cremona

Scimudin

Der Scimudin ist eine kleinere Version der im Allgemeinen etwas cremigeren Scimuda. Die pasteurisierte und mit Molkeimpfkulturen versetzte Kuhmilch wird erwärmt und dickgelegt. Der Bruch wird grob zerkleinert und in die Formen gegeben, in denen er bleibt, bis er vollständig abgetropft ist. Darauf wird er herausgenommen und trocken oder durch Eintauchen in ein Salzbad gesalzen. Anschließend verbleibt er bei 3 bis 6 °C und einer Luftfeuchtigkeit von 85 bis 80 Prozent mindestens drei bis vier Wochen in Reiferäumen.

Lab: flüssiges Kalbslab
Rinde: dünn, mit einer dünnen Schicht von weiß-gräulichen Schimmelpilzen bedeckt
Teig: kompakt, weich, mit sehr kleinen Löchern, strohfarben-weiß
Aussehen: flache oder konvexe Ober- und Unterseite mit einem Durchmesser von 18–22 cm
Dicke/Gewicht: 4–5 cm / 1,3–1,7 kg
Ursprungsgebiet: das nördliche Veltlin (Valtellina)

Semigrasso d'Alpe/Livigno

In einigen Sennereien wird die Kuhmilch mit Ziegenmilch gemischt, in den meisten Fällen wird jedoch nur Kuhmilch verwendet, die man auf 37 °C erwärmt und mit Kalbs- oder Lammlab versetzt. Nach der Gerinnung lässt man die Masse ruhen, damit der Bruch (im Dialekt *scimuda*) sich von der Molke abtrennen kann. Anschließend wird er mit der Käseharfe *(lira)* grob oder fein zerkleinert, je nachdem, welche Lochung erzielt werden soll, und bei 47 °C unter ständigem Rühren halbgekocht. Dies ist die kritischste Phase der Herstellung, denn der Bruch muss zwei Stunden oder länger langsam und vorsichtig bei geringer Hitze gekocht werden. Danach nimmt man ihn heraus und füllt ihn in die Fascere, so dass er trocken oder im Salzbad gesalzen werden kann. Die Reifedauer kann bis zu 60 Tagen betragen, während die Ausreifung bis zu über einem Jahr dauern kann. Der Semigrasso d'Alpe (wörtlich: Halbfetter Almkäse) kann nach drei Monaten jung, nach sechs Monaten mittel gereift und nach 18 Monaten hart verzehrt werden.

Lab: flüssiges Kalbs- oder Lammlab
Rinde: kompakt, hart, von unterschiedlicher Farbe je nach Reifegrad
Teig: strohgelb, mittelhart, mit einer charakteristischen starken «Pfauenaugen»-Lochung
Aussehen: flache Ober- und Unterseite mit einem Durchmesser von 30–40 cm
Dicke/Gewicht: 8–12 cm / 8–14 kg
Ursprungsgebiet: Bormio, Livigno und das gesamte nördliche Veltlin

Silter

Silter nennt man im Dialekt des Val Camonica (Camonica-Tal) die Hütte, in der der Käse zur Ausreifung aufbewahrt wird. Im Sommer wird er handwerklich in den Almhütten und im Winter in den kleinen Käsereien des Tals hergestellt. Die Milch zweier (und zwar der morgendlichen und der abendlichen) oder mehrerer Melkungen wird roh bei 30 bis 32 °C in 40 Minuten dickgelegt. Den Bruch zerkleinert man und kocht ihn etwa 30 Minuten bei 46 °C. Nach einer kurzen Ruhezeit wird die Käsemasse in die Fascere gefüllt, wo sie vier Tage bleibt. Die Laibe werden anschließend trocken gesalzen. Der Silter reift innerhalb von zehn Tagen, aber erst nach sechs Monaten hat er die Konsistenz eines hervorragenden Tafelkäses. Nach einer Reifezeit von einem Jahr kann er als Reibkäse verwendet werden.

Lab: flüssiges Kalbslab
Rinde: fest, von brauner Farbe
Teig: kompakt, strohgelb, mit wenigen großen Löchern
Aussehen: flache Ober- und Unterseite mit einem Durchmesser von 40–45 cm
Dicke/Gewicht: 10–15 cm / 8–14 kg
Ursprungsgebiet: das Camonicatal sowie die Orte Saviore dell'Adamello und Ponte di Legno in der Provinz Brescia

KUHMILCH

Stracchino tipico

Früher wurde der Stracchino aus der Milch ermüdeter Kühe gewonnen (im Dialekt *stracche*), die von stundenlangen Märschen erschöpft waren, wenn sie im Herbst von den Sommerweiden ins Tal geführt wurden. Die Rohmilch wird bei 30 °C etwa 30 Minuten dickgelegt. Anschließend wird der Bruch in mehr oder wenige dicke Scheiben zerkleinert. Nachdem die Masse mit Tüchern herausgehoben wurde, lässt man sie ruhen, damit die Molke austreten kann. Anschließend füllt man sie in Formen, in denen sie einige Tage bleibt. Die Laibe reifen auf Matten und werden trocken gesalzen. Schon nach wenigen Tagen kann der Käse verzehrt werden. Den so genannten *Straness* isst man gleich, um seine besondere Frische und Cremigkeit genießen zu können, während man den Stracchino dei Campelli erst nach 15 bis 20 Tagen verzehrt, wenn sein Aroma, das durch Rhododendrenblüten verstärkt wird, besonders gut zur Geltung kommt. Er zergeht mit mildem und aromatischem Geschmack zart auf der Zunge.

Lab: flüssiges Kalbslab
Rinde: kaum sichtbares Häutchen
Teig: weiß oder blassgelb, homogen, butterartig, ohne Löcher
Aussehen: flache Ober- und Unterseite mit einer Breite von 20–25 cm
Dicke/Gewicht: 5 cm / unterschiedlich
Ursprungsgebiet: früher die gesamte Region, heute ist das Ursprungsgebiet begrenzter; sehr begehrt ist der Stracchino aus Nesso in der Provinz Como und derjenige des Valle dei Campelli in der Provinz Bergamo

Strachitund

Der Strachitund ist ein Stracchino-Käse, der sich durch seine runde Form vom Stracchino quadrato oder dem Taleggio unterscheidet. Die Herstellung dieses Käses erfolgt fast ausschließlich im Familienbetrieb und nach jener alten Tradition, zwei verschiedene Teige mit anschließender Schimmelbeimpfung herzustellen – das gleiche Verfahren, wie man es für den Gorgonzola anwendet. Das Vermischen des heißen Bruchs vom Morgen mit dem kalten Bruch vom Abend fördert die Entstehung der Schimmelkulturen. Der Strachitund wird ähnlich wie der Taleggio erzeugt. Er unterscheidet sich von diesem jedoch durch seinen aromatischeren und schmackhafteren Teig mit angenehmem Haselnussduft. Man nennt ihn auch Naturale di Locatelli und Erborinato di Artavaggio: Guglielmo Locatelli aus Reggetto di Vedeseta (Provinz Bergamo) ist derzeit der einzige Käser, der diesen Stracchino-Käse herstellt («Artavaggio» ist der Name der Alm). Pro Jahr werden von diesem Käse nur etwa 100 Laibe produziert.

Lab: flüssiges Kalbslab
Rinde: rau, dünn, von hellbrauner Farbe
Teig: aromatisch und schmackhaft, von mehr oder weniger intensiver strohgelber Farbe
Aussehen: flache Ober- und Unterseite mit einem Durchmesser von 25 cm
Dicke/Gewicht: 15–18 cm / 4–5 kg
Ursprungsgebiet: das nördliche Taleggiotal, die Orte Artavaggio in der Provinz Lecco und Reggetto di Vedeseta in der Provinz Bergamo

Kuhmilch

Taleggio DOP

Die Herstellung dieses Käses scheint ihren Ursprung im 10. und 11. Jahrhundert im Taleggio-Tal im Norden der Provinz Bergamo zu haben. Der Name wird allerdings erst seit Beginn des 20. Jahrhunderts verwendet. Einen sehr guten Ruf genießt der in den Höhlen des Valsassina (Provinz Como) gereifte Käse. Durch Risse im Fels entsteht in diesen Höhlen ein besonderes Mikroklima, das sich positiv auf die Reifung und die Bildung von Schimmelkulturen auf der Rinde auswirkt. Man geht davon aus, dass etwa ein Drittel der Taleggio-Produktion in den Bergen reift. Die pasteurisierte oder rohe Milch wird bei 30 bis 36 °C in 20 bis 25 Minuten zur Gerinnung gebracht, der Bruch dann in zwei aufeinander folgenden Phasen in einem Abstand von fünf bis zehn Minuten bis auf Haselnussgröße zerkleinert. Anschließend füllt man die Masse in die Fascere, in denen sie bei 22 bis 25 °C trocknet. Die Laibe werden trocken oder im Salzbad gesalzen. Für die Ausreifung, die zwischen 25 und 40 Tagen dauert, wird der Käse in Räumen mit niedriger Temperatur (3 bis 8 °C) und hoher Luftfeuchtigkeit (85 bis 90 Prozent) gelagert. Während dieser Zeit werden die Laibe alle sieben Tage mit einem in Salzlake getauchten Schwamm behandelt, so dass sich keine unerwünschten Schimmelkulturen bilden und die klassische rosafarbene Rinde entsteht. Auf ihr befindet sich dennoch ein dünner gelblicher oder rosafarbener Schimmelansatz, der während der Reifung durch besondere Pilzkulturen entsteht. Der strohgelbe weiche Teig weist wenige Löcher auf, die Farbe verdankt sich der Eiweißspaltung, die im gereiften Produkt stattfindet, unmittelbar unter der Rinde ist sie noch intensiver. Der Geschmack ist mild, butterartig und, bei länger gereiftem Taleggio, intensiv und pikant.

Lab: flüssiges Kalbslab
Rinde: mit leichtem Schimmelansatz aufgrund der Schimmelkulturen, die sich während der Reifung gebildet haben; dünn, gelblich oder rosafarben
Teig: weich, mit wenigen Löchern, strohfarben, von stärkerer Farbintensität unmittelbar unterhalb der Rinde (aufgrund der Eiweißspaltung im gereiften Produkt)
Aussehen: flache Ober- und Unterseite mit einer Seitenbreite von 18–25 cm
Dicke/Gewicht: 5–7 cm / 1,7–2,2 kg
Ursprungsgebiet: das gesamte Gebiet der Provinzen Bergamo, Brescia, Como, Cremona, Mailand und Pavia in der Lombardei sowie die Provinzen Treviso in Venetien und Novara im Piemont.
DOP vom 12.06.1996, Verordnung Nr. 1107

Der Taleggio gehört zu den wenigen italienischen Käsesorten mit gewaschener Rinde. Um eine optimale Reifung zu erzielen, muss er in feuchten und kühlen Höhlen gelagert werden.

Torta

Dieser Käse wird fast überall in der Lombardei hergestellt. Die Gerinnung der Milch erfolgt ausgesprochen langsam – in etwa 24 Stunden –, wobei Vollmilch und frische Sahne mit wenig Lab versetzt werden. Der Bruch wird bei 45 °C halbgekocht, die Käsemasse anschließend schichtweise auf große Tücher ausgebreitet, die dann in Kisten mit Löchern gelegt werden, damit die Molke austreten kann. Bevor man den Teig in die Fascere füllt, salzt man ihn. Dieser milde und zarte Käse wird sehr frisch, in Stanniol- oder Pergamentpapier verpackt, verkauft.

Lab: flüssiges Kalbslab
Rinde: kaum wahrnehmbare Haut
Teig: weiß, weich, nicht sehr konsistent
Aussehen: flache, glatte, unterschiedliche Ober- und Unterseite
Dicke/Gewicht: unterschiedlich / 3 kg
Ursprungsgebiet: die gesamte Region

Kuhmilch

Valtellina casera DOP

Im Veltlin (Valtellina) gibt es noch heute zahlreiche typische Produkte, die dank der geografischen Abgeschiedenheit überleben konnten. Die Käsesorten des Veltlin spiegeln die Besonderheit der Viehzucht in diesem Tal wider, das innerhalb der Alpen eine Art Insel mit einem außergewöhnlichen Lokalklima darstellt. Gegen Ende des 18. Jahrhunderts entstand hier eine Variante des Bitto, ein Käselaib von großen Ausmaßen, der lange haltbar war und mehr Geschmack und Charakter als die bis dahin bekannten Sorten aufwies. Dabei handelte sich um eben jenen Käse, der heute wieder als Valtellina casera geschätzt wird.

Die Milch stammt aus zwei Melkungen von braunen Bergkühen – sie kann auch aus weiteren Melkungen stammen, wenn sie gekühlt wird. Man lässt sie zwölf Stunden ruhen, so dass es zur spontanen Bildung der Käsemikroflora kommt. Anschließend wird sie mittels Aufrahmung teilentrahmt. Nach der Erwärmung auf 37 °C setzt man ihr Kalbslab zu. Der Bruch wird auf Maiskorngröße zerkleinert und bei 44 °C etwa 30 Minuten halbgekocht. Danach lässt man die Masse einige Zeit in der Molke ruhen, bevor man sie herausnimmt und in die Fascere füllt. Die Fascere waren traditionell aus Holz, in den modernen Molkereien wurden sie jedoch durch lebensmittelechte Kunststoffformen ersetzt. Die Laibe werden nun nach und nach acht bis zwölf Stunden gepresst, dann aus den Formen gelöst und schließlich trocken oder im Salzbad gesalzen. Der

Valtellina casera wird in feuchten Räumen (mindestens 80 Prozent Luftfeuchtigkeit) bei einer Temperatur zwischen 6 und 16 °C wenigstens 60 Tage affiniert.

Lab: flüssiges Kalbslab
Rinde: kompakt, von strohgelber bis graubrauner Farbe
Teig: kompakt, elastisch, mit wenig Löchern, strohfarben-weiß
Aussehen: flache Ober- und Unterseite mit einem Durchmesser von 30–45 cm
Dicke/Gewicht: 8–10 cm / 7–12 kg
Ursprungsgebiet: die gesamte Provinz Sondrio
DOP vom 01.07.1996, Verordnung Nr. 1263

Der hervorragende Casera, der typische Käse des Veltlin, sollte vorzugsweise jung oder mittelreif gegessen werden.

Zincarlin / Cingherlino

Früher wurde dieser Käse aus Ziegenmilch mit Labgerinnung hergestellt und frisch mit Öl und Pfeffer gegessen. Heute wird er aus Kuhmilch erzeugt. Die Rohmilch wird auf 30 bis 32 °C erwärmt und mit flüssigem Kalbslab versetzt. Nach der Gerinnung zerkleinert man den Bruch grob, indem man die Masse kreuzförmig einschneidet und 10 bis 20 Minuten ruhen lässt. Anschließend wird die Masse vorsichtig herausgehoben und in unterschiedlich geformte Behälter gefüllt. Sobald die Molke austritt, füllt man die kleinen Formen mindestens 24 Stunden lang immer wieder nach. Anschließend legt man die Käselaibe auf Holztische oder Strohmatten, damit sie gründlich abtropfen können. Ab diesem Zeitpunkt können sie auch verzehrt werden.

Lab: flüssiges Kalbslab
Teig: weich, nicht sehr kompakt, fettreich, frisch, von weißbrauner Farbe
Aussehen: unterschiedlich
Ursprungsgebiet: das Gebiet von Besozzo und die Umgebung des Monte Generoso im Varesotto

Marken
(Marche)

In dieser Region hat man sich mit Nachdruck um die traditionellen Käsesorten bemüht. Viele sind einzigartige Spezialitäten, die schon verschwunden oder vom Verschwinden bedroht waren, wie der Slattato, der Cacio limone, die Ambra di Talamello und der Casècc.

Schafs-, Ziegen- und Kuhmilch

Ambra di Talamello

Die Ambra di Talamello ist ein «Grubenkäse»: Auf dem Montefeltro erzeugter Pecorino und Caciotta werden in Talamello zum Reifen in Gruben gelegt. Der Name wurde von dem Schriftsteller Tonino Guerra (geb. 1920) erfunden und bezieht sich auf die Farbe (Amber), die der Käse während der Reifung in der Grube annimmt. Wenige Monate alte Schafs- und Ziegenkäse sowie Caciotta werden in Säcke aus Naturfasern (Baumwolle, Hanf) gepackt und zwischen Mitte Juli und Ende August in die Gruben gelegt. Dabei handelt es sich um große, ins Tuffgestein getriebene Löcher, die mit Stroh ausgelegt sind. Die Löcher werden mit Holzdeckeln verschlossen und mit Gipspaste versiegelt, bis sie Ende November wieder geöffnet werden. Das Endprodukt hat einen sehr pikanten Geschmack – insbesondere wenn es sich um Ziegenkäse handelt – sowie einen intensiven und aromatischen Duft.

Lab: unterschiedlich, je nach ursprünglichem Käse
Rinde: weich, von verschiedenen grünen, gelblichen und weißen Schimmelkulturen bedeckt
Teig: weich, schuppig, bröckelig, unterschiedliche Farbe von schmutzigweiß bis strohgelb und haselnussbraun
Aussehen: unregelmäßige Ober- und Unterseite
Gewicht: 0,8–2 kg
Ursprungsgebiet: der Ort Talamello

Schafsmilch

Cacio a forma di limone

Zwei auf den ersten Blick unvereinbare Zutaten finden in diesem typischen Käse des Metaurotals zusammen: Milch und Zitrone. Der Käse wird ausschließlich aus Schafsmilch lokaler Herstellung produziert und mit natürlichem Lab – ebenfalls aus der Region – versetzt. Die Verarbeitung erfolgt zügig. Den Bruch zerkleinert man vorsichtig mit den Händen oder mit speziellen Werkzeugen in Partikel von mittlerer Größe, lässt ihn einige Minuten in der Molke ruhen und füllt ihn anschließend in zitronenförmige Terrakotta-Behälter. Der Käse wird trocken gesalzen, wobei das Salz mit geriebener Zitronenschale vermischt wird. Das überschüssige Salz wird anschließend entfernt, und die Laibe werden gewaschen. Danach bepinselt man sie mit Wasser und Mehl, wodurch erneut aufgetragene geriebene Zitronenschale an ihnen haften bleibt. Schließlich reifen sie über einen Zeitraum von vier bis zehn Tagen in kühlen und feuchten Räumen.

Lab: Lamm-Labpaste
Rinde: die Oberfläche der Laibe werden mit Zitronenschale bedeckt
Teig: frisch, weiß, mit Zitronengeschmack
Aussehen: glatte, gewölbte Ober- und Unterseite
Dicke/Gewicht: unterschiedlich / 100–150 g
Ursprungsgebiet: das Metaurotal

Schaf- und Kuhmilch

Casciotta di Urbino DOP

Dieser Käse ist sehr alten Ursprungs: Bereits illustre Persönlichkeiten wie Papst Clemens XIV. und Michelangelo Buonarroti sollen ihn geschätzt haben. Eine Legende besagt, dass der ein wenig seltsame Name «Casciotta» nicht auf einen Dialektausdruck zurückgeht, sondern auf den Schreibfehler eines Ministerialbeamten, der die regionale Aussprache der gängigen Bezeichnung «Caciotta» missverstand. Diese sprachliche Besonderheit gestattet es aber, die Caciotta aus Urbino von der des Montefeltro abzugrenzen. Beide Käsesorten ähneln einander, unterscheiden sich jedoch durch die Salzung und die Reifung. Der rohen und gefilterten Milch aus zwei Melkungen (zu 70 bis 80 Prozent aus Schafsmilch, der Rest aus Kuhmilch) wird flüssiges Lab zugesetzt, und nach etwa 30 Minuten wird der Bruch fein zerkleinert. Anschließend wird er bei einer Temperatur von 43 bis 44 °C gekocht, in die Fascere gefüllt und mit den Handballen gepresst, damit die Molke austreten kann. Die Salzung erfolgt trocken oder im Salzbad. Die Laibe reifen nun 15 bis 30 Tage bei 10 bis 14 °C in Räumen, in denen die Luftfeuchtigkeit 80 bis 90 Prozent beträgt. Der Geschmack dieses Käses ist mild und markant, der Teig fettreich, weich, strohfarben-weiß und die dünne Rinde von gelblicher Farbe. Er wird in der ganzen Provinz Pesaro hergestellt und erreicht Spitzenqualität vor allem in Urbino, Urbania, Mercatelli, Sant'Angelo in Vado, Pioggico, Fermignano und Caglio.

Lab: flüssiges Kalbslab
Rinde: eher dünn, weich und elastisch, von beige-gelber Farbe
Teig: kompakt, strohgelb, sehr bröckelig, mit wenigen Löchern
Aussehen: flache, gewölbte Ober- und Unterseite mit einem Durchmesser von 12–16 cm
Dicke/Gewicht: 5–7 cm / 0,8–1,2 kg
Ursprungsgebiet: die Provinz Pesaro
DOP vom 12.06.1996, Verordnung Nr. 1107

Derzeit wird die Casciotta di Urbino hauptsächlich aus pasteurisierter Milch hergestellt, wobei einige Versuche mit Rohmilch gezeigt haben, dass ein solches Verfahren eine höhere organoleptische Qualität hervorbringt.

SCHAFSMILCH

Pecorino dei Monti Sibillini

Dieser Käse wird mehr oder weniger nach dem klassischen Herstellungsverfahren für Pecorino produziert. Etwa 30 Minuten, nachdem das Lab der frisch gemolkenen Milch zugesetzt wurde, wird der Bruch in sehr feine Partikel zerkleinert. Diese werden daraufhin erwärmt (beim normalen Pecorino überbrüht man die Laibe vor dem Reifen in Molke), in die Fascere gefüllt und mit den Händen gepresst. Die Salzung erfolgt trocken, indem man die Laibe zwei Tage unter einer Salzschicht ruhen lässt. Dann beginnt die erste Reifephase (15 bis 20 Tage), für die der Käse in kühle Räume mit mittlerer Luftfeuchtigkeit gelegt wird. Dort wird er alle zwei Tage mit Wasser und lauwarmer Molke gewaschen. Anschließend reift der Pecorino dei Monti Sibillini bis zu zwei Jahren in Kellern, wobei die Laibe regelmäßig mit dem aus der Rinde austretenden Fett und mit Olivenöl bestrichen werden.

Lab: unterschiedlich aromatisiertes Lammlab
Rinde: beim jungen Käse weich und strohgelb, beim gereiften Käse hart und goldgelb mit einigen Rostflecken
Teig: weiß, kompakt mit geringer Lochung
Aussehen: flache Ober- und Unterseite mit einem Durchmesser von 14–20 cm
Dicke/Gewicht: 4–9 cm / 0,8–2,5 kg
Ursprungsgebiet: die Gebirgsorte der Sibyllinischen Berge sowie die Orte Amandola und Comunanza in der Provinz Ascoli Piceno und die Orte Sarnano, Visso und Ussita in der Provinz Macerata

SCHAFSMILCH

Pecorino di montagna

Die auf 36 bis 37 °C erhitzte frisch gemolkene Milch wird mit Labpaste versetzt. Nach der Gerinnung wird der Bruch mit den Händen oder einem Rührwerkzeug zerkleinert, bis er (für jungen Käse) haselnussgroß oder für reifen Käse reiskorngroß ist. Die Masse wird eventuell auf 45 bis 48 °C erhitzt, also halbgekocht, und anschließend in die Formen gefüllt, in denen sie mit den Händen leicht gepresst wird. Sobald die Käselaibe getrocknet sind, werden sie ganz mit Salz bedeckt, das auf natürliche Weise absorbiert wird. Nach zwei Tagen werden die Laibe zum Reifen in einen kühlen und leicht feuchten Raum gebracht, in dem sie mindestens 20 Tage bleiben. Während der Affinage wird dieser Pecorino jeden Tag umgedreht und jeden zweiten Tag mit Wasser und lauwarmer Molke abgewaschen.

Lab: Zicklein- oder Lamm-Labpaste, eventuell mit Kräutern der Region aromatisiert
Rinde: hart, kompakt, glatt, von gelblicher Farbe
Teig: kompakt, mit geringer Lochung, elfenbeinfarben oder strohfarben
Aussehen: flache Ober- und Unterseite mit einem Durchmesser von 15–20 cm
Dicke/Gewicht: 6–10 cm / 1–2,5 kg
Ursprungsgebiet: die Berge der Marken

Piemont
(Piemonte)

In der Region Piemont werden acht der 30 DOP-Käse hergestellt, aber auch Zahl und Qualität anderer hiesiger Käsesorten sind beeindruckend. In der gesamten Region, von den Hochweiden bis zu den Alpentälern, gibt es zahlreiche lokale Spezialitäten aus Kuh-, Ziegen- und Schafsmilch.

Bettelmatt

Dieser Toma-Käse aus dem Ossola-Gebirge gilt als ein besonders hochwertiger «Cru». Die Toma-Käse aus dem Val d'Ossola sollen ihren Geschmack dem Kraut *mottolina,* das ausschließlich in diesem Tal wächst, zu verdanken haben. Aber auch die anderen Weidenkräuter tragen sicher zu den organoleptischen Besonderheiten dieser Käse bei. Bettelmatt wird nur in den Sommermonaten hergestellt, das Erzeugungsverfahren ähnelt dem des Greyerzers. Die rohe Vollmilch wird in Kupferkesseln auf 36 bis 40 °C erhitzt und 20 bis 35 Minuten dickgelegt. Der Bruch wird erbsengroß zerkleinert und nach einer kurzen Ruhezeit gekocht. Die Masse setzt sich dabei auf dem Boden ab, wird dann in ein Tuch gefüllt und in eine Fascera gelegt. Nach dem Abkühlen presst man die Form 12 bis 24 Stunden lang. Im Anschluss wird der Käselaib entweder 10 bis 15 Tage in ein Salzbad gelegt oder trocken gesalzen und reift schließlich mindestens zwei Monate in einem kühlen Raum.

Lab: flüssiges Kalbslab
Rinde: rau, von hellbrauner bis dunkelbrauner Farbe
Teig: kompakt, recht weich, ölig, mit leichter Lochung, von goldgelber oder strohgelber Farbe
Aussehen: flache Ober- und Unterseite mit einem Durchmesser von 30–40 cm
Dicke/Gewicht: 10–15 cm / 5–7 kg
Ursprungsgebiet: das nördliche Val Formazza, die Alm von Formazza und der Ort Formazza in der Provinz Novara, der an der Grenze zur Schweiz auf 2100 m Höhe liegt

Bra (tenero/duro) DOP

Der Name dieses Käses stammt von der Stadt Bra, die in der Vergangenheit das wichtigste Reifungs- und Handelszentrum für die auf den Almen um Cuneo hergestellten Käsesorten war. Der «gemeine» Bra wird in den Käsereien im Tal hergestellt: Die Kuhmilch von zwei Tagesmelkungen, der eventuell auch eine geringe Menge pasteurisierter Ziegen- und Schafsmilch hinzugefügt wird, bringt man mittels Kalbslab bei einer Temperatur von 27 bis 32 °C zur Gerinnung. Das Bruchschneiden erfolgt mit einem Rührwerkzeug vom Schweizer Typ, und zwar unter kreisenden Bewegungen, bis die Masse aus maiskorngroßen Partikeln besteht. Man kann sie auch ein zweites Mal zerkleinern, wenn man sie in die Formen füllt. Dort werden die Laibe gepresst und sechs Tage jeweils im Abstand von 24 Stunden gesalzen (normalerweise trocken). Der Bra tenero wird bisweilen auch in ein zwölfprozentiges Salzbad gelegt.

Lab: flüssiges Kalbslab
Rinde: dünn, elastisch, strohweiß beim Bra tenero (weicher Bra); hart, fest, braun oder beige beim Bra duro (harter Bra)
Teig: kompakt, mit wenigen Löchern, elastisch, schmutzig-weiß bis strohgelb beim Bra tenero; fest, von ockergelber Farbe beim Bra duro
Aussehen: flache Ober- und Unterseite mit einem Durchmesser von 30–40 cm
Dicke/Gewicht: 7–9 cm / 6–8 kg
Ursprungsgebiet: die gesamte Provinz Cuneo sowie der Ort Villafranca Piemonte in der Provinz Turin
DOP vom 01.07.1996, Verordnung Nr. 1263

Bra d'alpeggio DOP

Das Herstellungsverfahren des Bra d'alpeggio («Bra von der Alm») ist grundsätzlich das gleiche wie bei dem im Tal hergestellten Bra. Allerdings werden weitaus primitivere Werkzeuge eingesetzt, und die Arbeit ist vorwiegend manuell. Die Milch stammt normalerweise von piemontesischen Kühen, die in kleinen oder mittelgroßen Ställen gehalten und mit Futter aus lokaler Produktion ernährt werden. Die Bestimmungen sehen allerdings auch einen kleinen Anteil an Schafs- und Ziegenmilch vor. Um die Milch aus der Abendmelkung zu entrahmen, lässt man sie über Nacht in verzinnten Kupferbecken ruhen, die eventuell in fließendes Wasser gestellt werden. Morgens wird das Fett dann mit einem Spachtel von der Oberfläche entfernt. Auf der Alm wird die Milch darüber hinaus bei etwas höheren Temperaturen dickgelegt (32 bis 35 °C), man verwendet hierzu normalerweise ein offenes Holzfeuer. Die Festigkeit des Bruchs wird vor dem Zerkleinern mit einem Strohhalm überprüft: Bleibt er aufrecht stecken, ist die optimale Festigkeit erreicht. Bevor der Bruch mit einem Rührwerkzeug zerkleinert wird, schneidet man ihn mit einer langen, dünnen Klinge in kleine Würfel. Danach wird die Masse in Tücher gefüllt, in die Formen gedrückt und mehrmals gepresst. Vor der Pressung kann der Bruch ein weiteres Mal grob umgeschichtet werden, um das Abscheiden der Molke zu begünstigen. Im Gebirge besteht die Presse aus einem schräg abgehängten Holztisch mit einem Holzhebel, an dem die

Gewichte befestigt sind. Bra d'alpeggio wird lediglich in den Sommermonaten hergestellt, das heißt von Juni bis Oktober, wenn die Herden auf der Alm sind.

Lab: flüssiges Kalbslab
Rinde: dünn, elastisch, strohweiß beim Bra tenero (weicher Bra); hart, fest, braun oder beige beim Bra duro (harter Bra)
Teig: Bra tenero ist elfenbeinweiß, Bra duro hingegen strohgelb bis ockergelb
Aussehen: flache und glatte Ober- und Unterseite mit einem Durchmesser von 30 bis 40 cm
Dicke/Gewicht: 7–9 cm / 6–8 kg
Ursprungsgebiet: die Orte der Provinz Cuneo, die gemäß Gesetz Nr. 991 vom 25.07.1952 als Gebirgsorte eingestuft wurden
DOP vom 01.07.1996, Verordnung Nr. 1263

Mehrere Bra-Laibe in verschiedenen Stadien der Affinage. Früher wurde lange gereifter Bra auch als Reibkäse verwendet, als Ersatz für Grana.

Bruss / Bross

Bruss (oder Bross, Brussu, Bruz, Bruzzu, Buzzu) ist nicht eigentlich ein Käse, sondern ein vorwiegend hausgemachtes Erzeugnis, das aus der Notwendigkeit entstand, Käsereste weiter zu verwerten. Die Zubereitung ist je nach den verwendeten Käsesorten unterschiedlich: Wenn man mit Hartkäse beginnt, muss man ihn reiben oder hobeln. Die Masse wird dann sorgfältig geknetet, in Gefäße aus Glas oder Terrakotta gefüllt und mit ein wenig frischer Milch vermischt, um die Wiedergärung zu begünstigen. Danach werden die Gefäße in einen kühlen Raum gestellt, bis die Gärung mit einem Schuss Alkohol oder Weinbrand (Grappa, Kognak usw.) unterbrochen wird. In den Erzeugungsgebieten der Robiola schneidet man einen frischen Robiola-Käse in drei Stücke, die dann mit einem Gläschen Grappa und einem Glas trockenen Weißwein in einen Tontopf gegeben werden. Dieser wird acht Tage lang in einen kühlen Raum gestellt und der Inhalt dann durch zwölfmaliges Rühren geknetet. Dies wird am 15., 28., 35. und am 45. Tag wiederholt. In der siebten Reifungswoche schließlich kann der Bruss verzehrt werden.

Teig: cremig, streichfähig, elfenbeinweiß bis strohgelb
Gewicht: unterschiedlich
Ursprungsgebiet: verschiedene Gebiete im Piemont, insbesondere die Provinz Cuneo

Ziegenmilch

Cachat

Cachat ist ein Erzeugnis aus Ziegenmilch und -käse, das ein wenig an Bruss erinnert, aber aromatischer und geschmacklich ausgewogener als jener ist. Man füllt dazu Ziegenkäsestückchen, die aus unvollendeten oder übrig gebliebenen – jedoch nicht verdorbenen – Laiben herausgeschnitten werden, in eigens dazu bestimmte Gefäße aus Glas oder Terrakotta und vermischt sie mit frisch gemolkener Ziegenmilch. Die Masse gärt sehr schnell und wird mehrmals pro Tag umgerührt. Nach etwa 20 Tagen wird Wacholderbrand und manchmal ein Aufguss auf der Grundlage von Lauch hinzugefügt. Danach wird das Gefäß versiegelt und an einem kühlen Ort aufbewahrt.

Teig: weich, streichfähig, porzellanweiß oder milchweiß
Gewicht: unterschiedlich
Ursprungsgebiet: das Valle Stura in der Provinz Cuneo

Ziegen- und Kuhmilch

Caprino di Rimella

Der Caprino di Rimella gehört zur großen Familie der norditalienischen Ziegenkäse. Diese Käsefamilie kann – abgesehen vom Roccaverano – auf kein bestimmtes Gebiet zurückgeführt werden. Es handelt sich um kleinere, üblicherweise traditionelle Produktionen, die vorwiegend für den lokalen Markt gedacht sind. Dies trifft auch auf diesen *tomino* (= kleiner Weichkäse) zu, der mit Kalbslab hergestellt wird, wenn man ihn jung verzehren will, oder mit Lammlab, wenn man ihn reifen lassen und seine Würzigkeit unterstreichen möchte. Die Ziegenmilch wird nach vorheriger natürlicher Säuerung auf eine Temperatur von 18 bis 20 °C erwärmt. Danach wird etwas Lab hinzugefügt und man lässt die Masse langsam gerinnen. Der Bruch wird anschließend entweder unzerkleinert direkt in kleine Formen gefüllt, oder er wird zerschnitten und von Hand geformt, wonach man ihn auf einem Hanftuch abtropfen lässt. Die kleinen Käselaibe werden drei Tage lang trocken gesalzen und können danach verzehrt werden.

Lab: Kalbs- oder Lammlab in flüssiger Form oder als Paste
Rinde: eine kaum ausgebildete Schale, von weißbrauner Farbe bei jungem Käse, von hellbrauner Farbe bei ausgereiftem
Teig: kompakt, weich, streichfähig bei jungem Käse, von weißbrauner Farbe
Aussehen: flache Ober- und Unterseite mit einem Durchmesser von 8–9 cm
Dicke/Gewicht: 2–3 cm / 200–300 g
Ursprungsgebiet: die gesamte Valsesia und insbesondere der Ort Rimella

ZIEGENMILCH

Caprino Ossolano

In der Vergangenheit wurde in den Tälern um Ossola sehr viel Ziegenkäse erzeugt. Mit der Zeit aber nahm die Produktion stetig ab und versiegte fast vollständig. In jüngster Zeit nimmt sie wieder zu, was vor allem einigen Käse erzeugenden Tierzüchtern aus der Lombardei zu verdanken ist. Das Herstellungsverfahren für diesen Caprino aus dem Gebiet um Ossola weist keine wesentlichen Unterschiede zu den Herstellungsverfahren jedes anderen Bergziegenkäses auf. Man käst von März bis November, wobei man die rohe Ziegenmilch sauer werden und bis auf eine Temperatur von 18 bis 20 °C abkühlen lässt. Danach wird ein wenig Lab beigemischt (Milchsäuregärung), und man wartet, bis die Gerinnung erfolgt. Schließlich wird der ganze Bruch in kleine Formen gefüllt, in denen die Trockensalzung sowie das vollständige Abscheiden der Molke stattfinden. Anschließend reift der Käse drei Tage lang und ist dann fertig zum Verzehr.

Lab: Kalbs- oder Lammlab in flüssiger Form oder als Paste
Rinde: dünne Schale, je nach Reifegrad sahneweiß oder strohgelb
Teig: weich, kompakt, sahneweiß
Aussehen: flache Ober- und Unterseite mit einem Durchmesser von 10–15 cm
Dicke/Gewicht: 1–2 cm / 50–200 g
Ursprungsgebiet: die Orte Domodossola, Varzo, Val Vigezzo

Castelmagno DOP

Dieser Edelpilzkäse verdankt seinen Namen dem Ort Castelmagno, wo er seit undenklichen Zeiten hergestellt wird. Es gibt eine Urkunde aus dem Jahre 1277, in der die an den Marchese von Saluzzo zu entrichtende jährliche Weidepacht festgelegt wurde: Der Marchese wünschte, dass die Zahlung in Naturalien, genauer gesagt in Form von Castelmagno-Laiben, erfolgte. Castelmagno wird mit Kuhmilch aus zwei aufeinander folgenden Melkungen hergestellt, der kleine Mengen von Schafs- oder Ziegenmilch hinzugefügt werden können. Die Milch wird in Kupferkessel gefüllt, auf 35 bis 38 °C erhitzt und mit flüssigem Lab versetzt: Die Gerinnung dauert 30 bis 90 Minuten. Danach wird der Bruch in walnussgroße Körner zerkleinert und die sich an der Oberfläche absetzende Molke nach und nach abgeschöpft. Die Masse lässt man anschließend 15 Minuten lang in einem trockenen, an den Seiten zusammengeknoteten Tuch aufgehängt ruhen. Danach schneidet man sie in Würfel mit fünf bis acht Zentimetern Kantenlänge und füllt sie erneut in ein Tuch, um sie ein bis zwei Tage abtropfen zu lassen. Diese Bündel werden anschließend drei bis vier Tage in Holzbottiche gelegt. Danach wird der Bruch nochmals in feine Körner zerkleinert und unter Hinzufügung von grobkörnigem Salz wieder geknetet, in Fascere gefüllt und gepresst. Nach sechs Tagen werden die Laibe herausgenommen und zwei Tage lang durch Einreiben trocken gesalzen. Dies kann 20 bis 30 Tage hindurch wiederholt werden. Anschließend werden die Laibe zur Reifung in Höhlen gelegt. Einige Hersteller pikieren den Käse, um – wie beim Gorgonzola – die Verbreitung der Schimmelpilze zu fördern.

Lab: flüssiges Kalbslab
Rinde: glatt und strohfarben, wenn der Käse jung ist; runzelig, hart, braun mit rötlicher Äderung bei gereiftem Käse
Teig: halbfest, tendenziell mit Edelpilzäderung, von perlweißer oder elfenbeinweißer Farbe, mit fortschreitender Reifung von blaugrüner Äderung durchzogen
Aussehen: flache, mit fortschreitender Reifung leicht runzelige Ober- und Unterseite mit einem Durchmesser von 15–25 cm
Dicke/Gewicht: 15–20 cm / 2–7 kg
Ursprungsgebiet: die Orte Monterosso Grana, Pradleves und Castelmagno in der Provinz Cuneo
DOP vom 01.07.1996, Verordnung Nr. 1263

Heutzutage bevorzugen die Verbraucher Castelmagno mit weißem Teig, bei dem sich der Blauschimmel – der sich bei diesem Käse typischerweise einstellt, sobald der richtige Reifegrad erreicht ist – noch nicht etabliert hat.

Ziegen- und Kuhmilch

Cavrin/Cevrin di Coazze

Dieser Käse birgt ein enormes Potenzial an Aroma, Intensität und Frische. Leider wird immer weniger davon hergestellt. Gekäst wird in den Sommermonaten: Man verwendet Rohmilch – entweder eine Mischung aus Ziegen- und Kuhmilch oder auch reine Ziegenmilch – und fügt bei niedriger Temperatur (18 bis 20 °C) Kalbs- oder Lammlab hinzu. Die Gerinnung erfolgt langsam, sie liegt zeitlich zwischen der Milch- und der Labgerinnung. Danach wird die Masse entweder in die Fascere gefüllt oder von Hand geformt und zum Abtropfen auf Hanftücher gelegt. Man kann auch eine leichte Trockensalzung auf beiden Seiten vornehmen. Nach einer Reifung von drei Tagen kann der Käse verzehrt werden. Normalerweise isst man ihn jung, man kann ihn aber auch kurz reifen lassen: In diesem Fall intensiviert sich die gelbe Färbung, und der Geruch wird recht penetrant.

Lab: flüssiges Kalbs- oder Lammlab
Rinde: sehr dünne, kaum vorhandene Haut
Teig: cremig, elastisch, milchweiß oder strohweiß
Aussehen: flache Ober- und Unterseite mit einem Durchmesser von 10–12 cm
Dicke/Gewicht: 2–3 cm / 0,2–1 kg
Ursprungsgebiet: das Tal des Flusses Sangone in der Provinz Turin und insbesondere die Ortschaften Cumiana, Coazze, Forno, Giaveno

KUH-, SCHAFS- UND ZIEGENMILCH

Caso/Toma di Elva

Der Name dieses Käses bedeutet auf Okzitanisch «nach Art des Hauses» oder «hausgemacht». Die Masse wird zweimal geschnitten, jedoch – anders als beim Nostrale – nicht gekocht. Man erwärmt die Rohmilch auf 30 °C, versetzt sie mit flüssigem Kalbslab und legt sie dann etwa eine Stunde lang dick. Danach wird der Bruch ein erstes Mal zerkleinert. Man lässt ihn fest werden und zerschneidet ihn ein zweites Mal, wobei die Körner etwa auf Haselnussgröße zerkleinert werden. Anschließend lässt man die Masse drei Tage lang reifen und füllt sie in Formen, in denen sie zwei Tage gepresst wird. Danach werden die Käselaibe aus den Formen gehoben und für mindestens 24 Stunden in ein Salzbad getaucht. Die Ausreifung erfolgt in einer natürlichen, an lokaler Flora reichen Umgebung: Dies kann zur Entstehung von blaugrünem Schimmel führen, wodurch der Caso dann an den Castelmagno erinnert. Verzehrt man ihn jung (das heißt nach ein- bis zweimonatiger Affinage), so erinnert er geschmacklich an Bra oder Nostrale.

Lab: flüssiges Kalbslab
Rinde: rau, wird während der Ausreifung braun
Teig: porzellanweiß, neigt zur Bräunung und weist in einigen Fällen blaue Schimmelpilze auf
Aussehen: flache Ober- und Unterseite mit einem Durchmesser von 20 cm
Dicke/Gewicht: 15 cm / 2–6 kg
Ursprungsgebiet: der Ort Elva

Kuhmilch

Gorgonzola DOP

Der Gorgonzola gehört zur Familie der Edelpilzkäse, deren Name auf die durch die Schimmelpilze verursachte grüne Äderung zurückzuführen ist. Der pasteurisierten Kuhmilch, die auf 30 °C erwärmt wird, werden Penicillium-Sporen, Milchfermente und flüssiges Kalbslab hinzugefügt. Nach 25 bis 30 Minuten schneidet man den Bruch in Würfel mit drei bis vier Zentimeter Kantenlänge und lässt ihn zehn Minuten in der Molke ruhen. Danach zerkleinert man die Masse in walnussgroße Körner, füllt sie in dünne Tücher, die zu einem Bündel geknotet werden, und lässt sie so 30 Minuten lang abtropfen. Anschließend wird die Masse in zylindrische, gelöcherte Formen ohne Boden gegeben, die 24 Stunden lang auf schräge Tische *(spersori)* gestellt werden, damit die Molke gut abfließen kann. Die Laibe werden dann vier oder fünf Tage in 20 bis 22 °C warme Trockenräume *(purgatori)* mit 96 Prozent Luftfeuchtigkeit gelegt und danach trocken gesalzen. Wegen der hohen Personalkosten sind einige Käsereien dazu übergegangen, die Laibe stattdessen in ein Salzbad zu legen. Nach etwa einem Monat werden die Laibe pikiert: Früher verwendete man hierzu dicke Nadeln aus getrocknetem Holz, heute nimmt man Stahl- oder Kupfernadeln. Die Pikierung erfolgt auf beiden Seiten, um die gleichmäßige Entwicklung der Schimmelpilze zu begünstigen. In sehr kleinen Mengen werden auch der so genannte Gorgonzola *a fermentazione naturale* (= natürlich gegärter Gorgonzola), *del non-*

no (= nach Art des Großvaters) oder *antico* (= nach alter Art) hergestellt. Deren Schimmeläderung ist viel markanter, die Konsistenz körniger und der Geschmack weitaus pikanter. Der Unterschied bei der Herstellung liegt darin, dass einige Käser wie früher den abends gewonnenen Bruch über Nacht an einem Gerüst aufhängen und abtropfen lassen. Dadurch gelangen Pilzsporen, die hier ihren natürlichen Lebensraum haben, in den Bruch und setzen den Schimmelprozess in Gang. Fast verschwunden ist hingegen der aus zwei verschiedenen Teigsorten hergestellte Gorgonzola *a due paste,* der nach dem ursprünglichen Verfahren hergestellt wird: Den Bruch aus der Abendmelkung lässt man über Nacht ruhen und gießt am nächsten Tag den Bruch aus der Morgenmelkung darüber.

Lab: flüssiges Kalbslab
Rinde: rau, feucht, rötlich, wenn sie reif ist
Teig: roh, fest, weiß oder strohfarben, durch den Schimmelpilz blaugrün geädert
Aussehen: flache Ober- und Unterseite mit einem Durchmesser von 25–30 cm
Dicke/Gewicht: 16–20 cm / 6–13 kg
Ursprungsgebiet: die Provinzen Novara, Vercelli, Cuneo sowie der Ort Casale Monferrato im Piemont, die Provinzen Bergamo, Brescia, Como, Cremona, Mailand und Pavia in der Lombardei
DOP vom 12.06.1996, Verordnung Nr. 1107

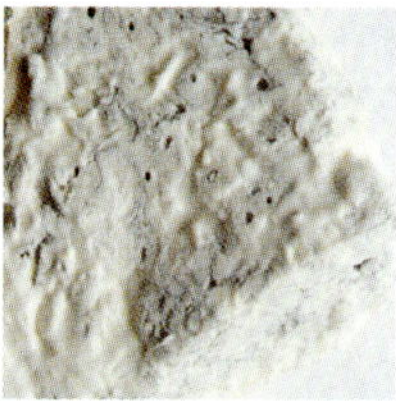

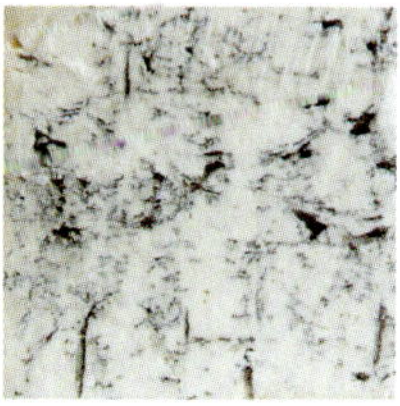

Die Bilder links machen den Unterschied zwischen einem normalen Gorgonzola und einem Gorgonzola a due paste *deutlich: Letzterer weist eine ausgeprägtere Äderung und geringere Feuchtigkeit auf. Das Bild unten zeigt eine Eigenschaft des Gorgonzola, die von den Verbrauchern besonders geschätzt wird: seine Cremigkeit.*

KUHMILCH

Grasso d'Alpe

Dieser Käse gilt als Stammvater aller Toma-Almkäse-Sorten, die in den Tälern um Novara und Biella hergestellt werden. Der Name Grasso (= fett) bezieht sich auf die butterartige Konsistenz des Teiges, in dem der ganze Geschmacksreichtum der Milch, die während der Sommermonate auf der Alm gemolken wird, zum Ausdruck kommt. Sie wird auf etwa 30 °C erwärmt, man gibt flüssiges Kalbslab hinzu und schneidet den Bruch nach 30 bis 40 Minuten in erbsengroße Körner. Danach lässt man ihn einige Zeit ruhen, bevor die Masse bei 40 °C so lange halbgekocht wird, bis sie vollständig trocken ist. Man wartet, bis sie sich auf dem Boden abgesetzt hat, füllt sie in Hanftücher und legt sie dann in die Fascere. Hier wird sie etwa 15 Tage lang gepresst. Danach werden die Laibe gesalzen, entweder trocken oder im Salzbad. Zur Reifung kommen sie in gut belüftete Räume. Während des Reifungsprozesses werden sie mehrmals gewendet und gebürstet oder mit Wasser und Salz gewaschen. Nach 70 Tagen kann der Grasso verzehrt werden.

Lab: flüssiges Kalbslab
Rinde: glatt, mitteldick, je nach Reifegrad hellbraun bis braun
Teig: elastisch, kompakt, meist weich und mit leichter Lochung, von intensiver gelber Farbe
Aussehen: flache Ober- und Unterseite mit einem Durchmesser von 30–40 cm
Dicke/Gewicht: 8–15 cm / 5–7 kg
Ursprungsgebiet: der Norden der Provinz Novara, insbesondere das Val Formazza und das Valle Antigorio

Mezzapasta / Spress

Dieser Käse ist ebenfalls ein Grasso d'Alpe, der allerdings länger ausreift. Daher wird teilentrahmte Milch verwendet, und man versucht zudem, den Käse weitestmöglich zu trocknen: Hierin weicht das Herstellungsverfahren auch von dem des Grasso ab. Nach der Dicklegung, bei einer Temperatur von 30 °C, wird der Bruch ein erstes Mal zerkleinert, danach halbgekocht und – nachdem die Masse sich auf dem Boden abgesetzt hat – ein zweites Mal zerschnitten. Anschließend wird die Masse in die Fascere gefüllt und einige Stunden lang kräftig gepresst. Die Laibe werden dann im Abstand von 24 Stunden auf beiden Seiten trocken gesalzen. Nach der Salzung reifen sie in gut belüfteten Räumen bei einer konstanten Temperatur von 12 bis 15 °C in drei bis vier Monaten (manchmal sogar in 12 bis 14) aus.

Lab: flüssiges Kalbslab
Rinde: glatt, mitteldick, je nach Reifegrad hellbraun oder braun
Teig: elastisch, kompakt, meist weich und mit leichter Lochung, von intensiver gelber Farbe
Aussehen: flache Ober- und Unterseite mit einem Durchmesser von 30–40 cm
Dicke/Gewicht: 8–15 cm / 5–8 kg
Ursprungsgebiet: der Norden der Provinz Novara, insbesondere das Val Formazza und das Valle Antigorio

SCHAFS- UND KUHMILCH

Murazzano DOP

Die große Familie der Robiola-Käse aus dem Piemont zählt einige berühmte Mitglieder, wie diesen Murazzano, der traditionell aus der Milch von Alta-Langa-Schafen (von den Hügelgebieten) hergestellt wird. Die Ursprungsbezeichnung wurde 1982, die geschützte Ursprungsbezeichnung 1996 zuerkannt. Den historischen Murazzano, der ausschließlich aus Schafsmilch hergestellt wird, findet man heute immer seltener; die Bestimmungen erlauben es, bis zu 40 Prozent Kuhmilch zu verwenden. Die Robiola-Käse, die lediglich aus Schafsmilch hergestellt werden, dürfen daher auf dem Etikett entsprechend gekennzeichnet werden (*latte di pecora* = Schafsmilch). Das Herstellungsverfahren sieht vor, dass die Milch auf 37 °C erwärmt und mit flüssigem Kalbslab vermischt wird, welches zuvor in Wasser aufgelöst wurde, damit es sich leichter in der Milch verteilt. Die Gerinnung dauert 30 Minuten. Anschließend wird der Bruch ein erstes Mal grob in orangengroße Körner geschnitten, die man zehn Minuten ruhen lässt, während die Molke abläuft. Darauf erfolgt ein zweiter Bruchschnitt in haselnussgroße Körner, dann wird die Masse aus der Molke herausgehoben. Nach einer kurzen Ruhezeit füllt man sie in die Fascere, die nach zehn Minuten ein erstes Mal gewendet werden. Die zweite Wendung erfolgt nach zwei Stunden: Dabei wird eine Seite trocken gesalzen. Sechs bis sieben Stunden später werden die Laibe erneut gewendet und ein zweites Mal gesalzen, schließlich in einem leicht belüfteten Raum auf Baumwolltücher gelegt, welche die austretende Molke aufsaugen. Nach einer Reifungszeit von sieben bis zehn Tagen, in der die Laibe täglich gewendet werden, kann der Murazzano verzehrt werden. Bisweilen lässt man ihn auch mehr als zwei Monate ausreifen.

Lab: flüssiges Kalbslab
Rinde: dünne, milchweiße oder strohfarbene Haut
Teig: weich, fest, eventuell mit leichter Lochung, sehr feinkörnig, strohfarben
Aussehen: flache, leicht gewellte Ober- und Unterseite mit einem Durchmesser von 10–15 cm
Dicke/Gewicht: 3–4 cm / 300–400 g
Ursprungsgebiet: 43 Orte in der Provinz Cuneo
DOP vom 12.06.1996, Verordnung Nr. 1107

Der Murazzano DOP muss in das charakteristische dreieckige Papier gewickelt sein (gegenüber, oben), *auf dem der Name des Aufsichtsvereins steht. Wenn er aufgeschnitten wird* (oben), *kann man die leichte Lochung erkennen.*

Kuh-, Schafs- und Ziegenmilch

Murianengo/Moncenisio

Dieser Käse ist dem Gorgonzola sehr ähnlich und wurde wahrscheinlich auch zur gleichen Zeit erfunden, denn die ersten Hinweise stammen aus dem 11. Jahrhundert. Der Name Murianengo verweist auf das Morianatal in Savoyen. Einige halten Murianengo und Moncenisio für zwei verschiedene Käsesorten, aber die Herstellungsverfahren sind nahezu identisch. Die Milch (normalerweise Vollmilch) gerinnt in 30 bis 60 Minuten. Den Bruch zerkleinert man zunächst in große Körner, dann in haselnussgroße Stücke, füllt ihn in ein Tuch und lässt ihn 24 Stunden lang in einem Holzeimer gären. Der alte Bruch wird dann mit der Hälfte oder einem Drittel des neuen Bruchs vermischt und in die Fascere gefüllt. Nach einer leichten Pressung salzt man die Laibe trocken, wobei man den Druck nach und nach erhöht. Nach 20 Tagen werden sie in Affinagekeller gebracht, wo sie mit Penicillium beimpft werden und drei Monate lang reifen, bis der Schimmelpilz sich vollständig entwickelt hat.

Lab: Kalbslab in flüssiger Form oder als Paste
Rinde: kompakt, rau, unregelmäßig, gelb oder leicht rötlich
Teig: weich, butterig, kompakt, strohfarben, mit Streifen, die vom Schimmelpilz verursacht werden; mit fortschreitender Reifung wird der Teig trockener und die Äderung nimmt zu
Aussehen: flache Ober- und Unterseite mit einem Durchmesser von 25–35 cm
Dicke/Gewicht: 12–18 cm / 5–12 kg
Ursprungsgebiet: die Hochebene des Moncenisio, die Südseite des Fréjus-Passes und die Hochebene der Novalesa

KUHMILCH

Ormea

Die Herstellung der Ormea ähnelt der des Bra. Die volle oder teilentrahmte Rohmilch wird auf 30 °C erwärmt, man fügt flüssiges Kalbslab hinzu und lässt die Milch gerinnen. Das Schneiden des Bruchs erfolgt in zwei Phasen: Zunächst wird energisch gerührt, danach gepresst. Anschließend füllt man die Masse in die Fascere und presst sie vier bis sechs Stunden mit zunehmendem Druck. Wenn die Laibe trocken sind, werden sie eine Woche hindurch abwechselnd auf beiden Seiten mit grobkörnigem Salz eingerieben. Danach lässt man sie in Kellern ausreifen. Junger Käse reift einen Monat, während die reife Sorte mindestens acht Monate reift. Heutzutage wird immer weniger Ormea hergestellt, denn die Senner geben dem berühmteren Raschera den Vorzug.

Lab: flüssiges Kalbslab
Rinde: dünn, glatt, je nach Reifegrad strohgelb bis ockerbeige
Teig: weich, kompakt, elfenbeinweiß bei der weichen Sorte; trocken, goldgelb oder ockerfarben bei der harten Sorte
Aussehen: flache Ober- und Unterseite mit einem Durchmesser von 25–30 cm
Dicke/Gewicht: 8–12 cm / 5–6 kg
Ursprungsgebiet: die Orte Ormea, Chiusa Pesio, Fontane, Frabosa Soprana, Garessio und Limone Piemonte sowie Pamparato im Süden der Provinz Cuneo

Paglierina

Im Piemont bezeichnet der Name Paglierina (Paglietta, d'la Paja usw.) eine große Familie von überwiegend frischen, flachen Käsesorten mit oder ohne Weißschimmel. Tatsächlich war es die Käserei Quaglia, die diesen Namen vor etwa 100 Jahren einem ihrer Käse gab, dessen Oberfläche die klassischen Streifen aufwies, die damals von der Reifung auf Strohgeflechten (*paglia* = Stroh) stammten. Die Milch wird bei 38 bis 40 °C dickgelegt und der Bruch mit einem großen, tiefen Löffel *(spanarola)* walnussgroß zerkleinert. Anschließend füllt man die Masse in die Formen, damit die Molke ablaufen kann, danach trocknen die Laibe sieben Stunden bei einer Temperatur von 25 °C in recht feuchten Räumen. Die Salzung erfolgt entweder trocken oder im Salzbad. Danach werden die kleinen Käselaibe für die Reifung in kühle, feuchte Räume gelegt, bis sich nach zehn bis zwölf Tagen der Weißschimmel bildet. Die Reifung kann auch verlängert werden: In diesem Fall wird der Käseteig unter der Rinde aufgrund der fortgeschrittenen Eiweißspaltung cremiger.

Lab: flüssiges Kalbslab
Rinde: runzelig, elastisch, mit dem typischen karierten Muster bzw. Streifenmuster, das von einem weißen Schimmelteppich bedeckt sein kann
Teig: bei der jungen Sorte weich, kompakt und glänzend; bei der gereiften Sorte kompakt, elastisch und von gelber Farbe
Aussehen: flache Ober- und Unterseite mit einem Durchmesser von 10–15 cm
Dicke/Gewicht: 2 cm / 300–500 g
Ursprungsgebiet: die Provinzen Cuneo und Turin

Raschera d'alpeggio

Raschera darf sich *d'alpeggio* (= von der Alm) nennen, wenn er in über 900 m Höhe erzeugt wird, und das geschieht in den Orten Frabosa Soprana, Frabosa Sottana, Roburent, Roccaforte Mondovì, Ormea, Garessio (die Gegend um das Casottotal), Magliano Alpi (die Umgebung von Ormea), Montaldo, Mondovì, Pamparato, die alle in der Provinz Cuneo liegen. Das Herstellungsverfahren ist das gleiche wie beim Raschera. Allerdings wird der Gaumen bei diesem Erzeugnis aus den Bergen auch vom Geschmack der Alpenweidenkräuter verwöhnt. Dadurch erhält diese Käsesorte – deren organoleptische Eigenschaften ohnehin hervorragend sind – ein noch reicheres Geschmacksspektrum. Den Raschera d'alpeggio findet man nur in den Sommermonaten, von Juni bis Ende August. Während der letzten Jahre nahm die Produktion zwar stark ab, dank der großen Nachfrage der Märkte und vor allem der Restaurants nimmt sie in jüngster Zeit aber wieder zu.

Lab: flüssiges Kalbslab
Rinde: dünn, rötlich-grau, manchmal gelblich, glatt, elastisch
Teig: weich, elastisch, elfenbeinweiß, mit geringer Lochung
Aussehen: beim zylindrischen Laib flache Ober- und Unterseite mit einem Durchmesser von 35–40 cm; beim wabenförmigen Laib sind die Kanten 40 cm lang
Dicke/Gewicht: 7–12 cm / 5–8 kg
Ursprungsgebiet: die auf über 900 m Höhe liegenden Gebiete einiger Orte der Provinz Cuneo

Raschera DOP

Der Raschera ist der typische Käse der Senner aus den Valli Monregalesi (den Tälern um Mondovì). Sein Name verweist auch auf die Ortsnamen der Gegend: den Lago Raschera, am Fuß des Monte Mongioie, die Alpe Rascaira sowie auf die Bezeichnung Ruscaira, die diese Gegend auch trägt. Raschera wird aus Kuhmilch erzeugt (die Bestimmungen erlauben allerdings auch die Verwendung von etwas Schafs- und/oder Ziegenmilch), die aus einer oder zwei täglichen Melkungen gewonnen wird, vorzugsweise roh sein und von braunen Bergkühen oder von piemontesischen Kühen stammen sollte. Die auf 27 bis 30 °C erwärmte Milch wird in ein Holzgefäß *(gerla)* gefüllt, mit flüssigem Lab vermischt und mit einem Wolltuch zugedeckt, bis nach etwa einer Stunde der Bruch entsteht. Dieser wird mit einem speziellen Werkzeug, der *sbatella*, gerührt und mit Hilfe eines Hanftuches von der Molke getrennt. Die entstandene, *prod* genannte Masse wird nun in die Fascere gefüllt und etwa zehn Minuten lang gepresst. Anschließend zerkleinert man sie ein weiteres Mal und presst sie einen weiteren Tag. Die zylindrischen Laibe werden dann trocken gesalzen, während die wabenförmigen zunächst noch einmal weitere fünf Tage in einer Holzform gepresst werden. Die Reifung erfolgt in kühlen, feuchten Räumen auf Holzregalen *(selle)* und dauert mindestens 20 Tage, kann aber bis zu drei Monaten fortgesetzt werden. Die Rinde des Raschera ist graubraun und kann mit der Reifung eine stellenweise rötliche Färbung annehmen. Der Teig ist elfenbeinweiß und elastisch, mit kleiner, unregelmäßiger Lochung; er riecht intensiv nach Futter und Buttermilch. Mit der Reifung neigt er zu einem leicht pikanten, mandelartigen Geschmack.

Lab: flüssiges Kalbslab
Rinde: dünn, graurötlich, manchmal gelblich, glatt, elastisch
Teig: weich, elastisch, elfenbeinweiß, mit geringer Lochung
Aussehen: beim zylindrischen Laib flache Ober- und Unterseite, mit einem Durchmesser von 35–40 cm; beim wabenförmigen Laib sind die Kanten 40 cm lang
Dicke/Gewicht: 7–12 cm / 5–8 kg
Ursprungsgebiet: die Provinz Cuneo
DOP vom 01.07.1996, Verordnung Nr. 1263

Die Abbildung zeigt zwei quadratische Raschera-Laibe. Die Farbe der Banderole kennzeichnet die Ursprungsgebiete: Grün für Raschera, der im Tal erzeugt wird (di pianura), Gelb für Raschera d'alpeggio.

KUHMILCH

Rebruchon

Der Rebruchon ist offensichtlich eine Nachahmung des berühmten Reblochon aus Savoyen, der Name bedeutet im dortigen lokalen Dialekt «Milch der zweiten Melkung». Diese fettreichere Milch eignet sich für die Herstellung von besonders cremigem Käse. Der in Italien hergestellte Käse darf aber nicht den französischen Namen tragen, weil dieser durch eine Ursprungsbezeichnung geschützt ist. Die Milch wird gefiltert, auf 35 °C erwärmt und gerinnt in etwa 30 Minuten. Danach wird der Bruch in walnussgroße Körner zerkleinert, zunächst mit einem großen, tiefen Löffel *(spanarola)* und danach mit einer Käseharfe. Nach ungefähr zehn Minuten gießt man die Molke ab, hüllt den Bruch in ein Hanftuch und legt ihn in die Formen, die nun leicht gepresst werden. Anschließend werden die Laibe aus den Formen befreit und in Trockenräume gebracht, in denen sie jeden zweiten Tag auf beiden Seiten trocken gesalzen werden. Auch ein Salzbad ist vorgesehen. Schließlich werden die Laibe in verschiedene, jeweils kühlere Räume gelegt, bis die Reifung nach etwa 20 Tagen abgeschlossen ist.

Lab: flüssiges Kalbslab
Rinde: dünn, weich, ölig, rötlich-gelb
Teig: weich, fettreich, schmelzend, eventuell mit leichter Lochung, elfenbeinweiß oder strohfarben
Aussehen: flache Ober- und Unterseite mit einem Durchmesser von 12 cm
Dicke/Gewicht: 4–5 cm / 0,3–1 kg
Ursprungsgebiet: das Val Susa, insbesondere die Gegend um Novalesa

Robiola del bec

Der Name Robiola del bec rührt daher, dass dieser Robiola-Käse traditionell nur in den Monaten Oktober und November hergestellt wurde, nämlich dann, wenn die Ziegen brünstig waren und vom Ziegenbock (*bec, buc* oder *becco* im piemontesischen Dialekt) gedeckt wurden. Man lässt die sehr fetthaltige Milch der Abendmelkung sauer werden und vermischt sie dann mit der Milch der Morgenmelkung, bis eine Temperatur von 18 °C erreicht wird. Nach dem Hinzufügen von Lab lässt man die Milchgerinnung mindestens 24 Stunden hindurch langsam fortschreiten. Anschließend wird der Bruch vorsichtig in die eigens dazu bestimmten Formen gefullt, worin er einen Tag bleibt. Bei der Robiola del bec wird während des Abfließens der Molke immer wieder nachgefüllt, damit die Laibe höher werden. Nachdem die Molke vollständig abgelaufen ist, fügt man feinkörniges Salz hinzu und legt den Käse in die für die Reifung bestimmten Räume. Nach drei Tagen kann man ihn verzehren.

Lab: flüssiges Kalbslab, selten Kalbs-Labpaste
Rinde: bei frischem Käse gibt es keine Haut, bei gereiftem ist die Rinde runzelig, schmelzend, hellbraun oder strohweiß
Teig: elfenbein- oder kreideweiß, kompakt, bröckelig, weich, streichfähig
Aussehen: flache Ober- und Unterseite mit einem Durchmesser von 12–16 cm
Dicke/Gewicht: 6–8 cm / 300–600 g
Ursprungsgebiet: das gesamte Herstellungsgebiet der Robiola di Roccaverano sowie die gesamte Gegend um Acqui Terme

Robiola di Ceva / di Mondovì

Dieser Käse, einer von vielen Robiola-Sorten, die in der Provinz Cuneo hergestellt werden, ist nicht sehr bekannt, denn er wird vorwiegend hausgemacht. Allerdings verdient er eine höhere Wertschätzung, denn er weist außergewöhnliche organoleptische Eigenschaften auf, vor allem dank der ausgezeichneten Milch, die von piemontesischen Kühen stammt. Das Herstellungsverfahren für Robiola di Ceva oder di Mondovì unterscheidet sich von jenem, das bei den anderen Toma- oder Robiola-Käsen angewandt werden. So wird die Milch bei relativ niedriger Temperatur (18 bis 22 °C) ziemlich lange (mindestens 24 Stunden) eingedickt. Danach wird der Bruch vorsichtig zerkleinert und in die Formen gefüllt. Die Molke lässt man etwa zwei Tage lang ablaufen, dann werden die Laibe mit feinem Meersalz trocken gesalzen. Die Reifung dauert durchschnittlich 20 Tage, wobei die Rinde am Ende einen leichten Weißschimmelrasen aufweisen kann.

Lab: flüssiges Kalbslab
Rinde: weiche, dünne Schale mit leichter Schimmelbildung
Teig: trocken, nachgiebig, ohne Lochung, elfenbeinweiß, mit der Reifung leicht strohfarben
Aussehen: flache Ober- und Unterseite mit einem Durchmesser von 15 cm
Dicke/Gewicht: 2–3 cm / 200–350 g
Ursprungsgebiet: das nördliche Val Tanaro

Robiola di Roccaverano DOP

Dieser Käse kann aus roher oder pasteurisierter Milch hergestellt werden. Bei letzterer verwendet man zusätzlich zum Lab auch Milchfermente. Die Milch aus zwei Tagesmelkungen wird auf 18 °C erwärmt, dann fügt man flüssiges Kalbslab hinzu oder auch – selten und alter Tradition folgend – Zicklein-Labpaste. Die Dicklegung dauert 24 Stunden. Der Bruch wird unzerkleinert in Kunststoff-Fascere gefüllt, worin er einen Tag bleibt. Danach erfolgt die Salzung, und die Masse reift nun drei Tage lang bei einer Temperatur von 15 bis 20 °C. Jetzt ist der Käse eigentlich verzehrfertig, doch lässt man ihn oft, vor allem wenn der Anteil an Ziegenmilch hoch ist, etwa 20 Tage lang weiter reifen. Die derzeitigen Bestimmungen verlangen, dass der Anteil an Kuhmilch maximal 85 Prozent beträgt und dass diese in variablen Mengen mit Ziegen- und Schafsmilch gemischt werden soll. Allerdings wünschen die Käser eine Änderung dieser Vorgaben, um die traditionelle Robiola di Roccaverano aufzuwerten, die ganz ohne Kuhmilch erzeugt wird. Sollte man diesem Wunsch entsprechen, würde diese Robiola mit dem Zusatz *classica* (= klassisch) versehen und entweder aus reiner Ziegenmilch oder aus Ziegenmilch mit etwas Schafsmilch hergestellt werden. Robiola di Roccaverano wird in den folgenden Gebieten zweier piemontesischer Provinzen produziert: in Bobbio, Cessole, Loazzolo, Mombaldone, Monastero Bormida, Olmo Gentile, Roccaverano, San Giorgio Scarampi, Serole und Serme in der Provinz Asti sowie in Castelletto d'Erro, Denice, Malvicino, Merana, Montechiaro d'Acqui, Pareto, Ponti, Spigno und in Teilen der Gegend um Cartosio in der Provinz Alessandria.

Lab: flüssiges Kalbslab
Rinde: sehr dünne Haut, elfenbeinweiß, bei der Ausreifung aber auch strohfarben oder braun mit rötlichen Streifen
Teig: frisch, weich und kompakt, weiß
Aussehen: flache, leicht gewellte Ober- und Unterseite mit einem Durchmesser von 10–14 cm
Dicke/Gewicht: 4–5 cm / 400 g
Ursprungsgebiet: Teile der Provinzen Asti und Alessandria
DOP vom 01.07.1996, Verordnung Nr. 1263

Robiola di Roccaverano ist der einzige italienische Käse mit Ziegenmilch, dem die DOP-Bezeichnung verliehen wurde. Dies zeugt von der sehr alten Tradition der Verarbeitung von Ziegenmilch in dieser Gegend des Piemont.

Seirass del fen

Seirass, Seras oder Seré wird von dem lateinischen Wort *seracium* abgeleitet und im Piemont sowie im Aostatal als Bezeichnung für Ricotta verwendet. In dieser Gegend findet man Ricotta in den verschiedensten Formen. Nach Trocknung und Salzung kann die Form mehr oder weniger rund sein, und auch das Gewicht ist nicht einheitlich. Beim Seirass wird, wie bei der klassischen Ricotta, die Molke auf 90 °C erhitzt – nur besteht der Seirass del fen aus Molke, die bei der Herstellung von Toma-Käse aus Almmilch übrig bleibt. Aus der Molke von Weichkäse können gut weiche Ricotta hergestellt werden, während man aus der Molke von gekochten Käsesorten festere Erzeugnisse gewinnt. Schwer ist es hingegen, Ricotta auf natürliche Weise aus pasteurisierter Milch herzustellen. Seirass del fen wird nach 12 bis 36 Stunden aus den Formen oder den Tüchern gehoben und von Hand mit feinkörnigem Salz geknetet. Danach setzt man ihn erneut der Luft aus. Dieser Vorgang wird mehrmals wiederholt. Schließlich kommen die Laibe in trockene, belüftete Räume und werden, wenn sie trocken sind, in frisches Heu gehüllt. Gelegentlich wird Seirass auch leicht geräuchert.

Teig: bei der jungen Sorte fein und körnig, bei der ausgereiften kompakt, halbdurchsichtig, weiß-braun oder strohfarben
Dicke/Gewicht: unterschiedlich / 2–5 kg
Ursprungsgebiet: Seirass wird nahezu im gesamten Piemont hergestellt, die Tradition der Reifung in Heu ist allerdings typisch in den Valli Pinerolesi

SCHAFS- UND KUHMILCH

Söra / Sola / Soela

Dieser typische Almkäse schmeckt vor allem im Sommer hervorragend. Sein Ursprung verliert sich in grauer Vorzeit. Der Historiker Tullio Pagliana zitiert ihn in einer seiner Studien über das Leben der Hirten im nördlichen Tanarotal. Der Name Söra (Sola, Soela) geht auf die Dialektbezeichnung für «Schuhsohle» zurück, die er wegen seiner besonders flachen, eckigen Form erhielt. Das Herstellungsverfahren beginnt mit der Erwärmung der Rohmilch auf 30 bis 36 °C, die dann mit flüssigem Lab dickgelegt wird. Nach dem Schneiden des Bruchs wird die Masse in ein Tuch gefüllt, damit die Molke abtropfen kann. Die getrocknete Masse wird erneut geknetet, in die Formen gelegt und gepresst. Anschließend salzt man den Käse in mehreren Phasen trocken und bringt ihn in recht trockenen Räumen bei einer konstanten Temperatur von 10 °C zur Reifung.

Lab: flüssiges Kalbslab
Rinde: nur leicht angedeutet, von strohgelber Farbe; mit der Reifung wird sie allerdings dicker und bräunlich
Teig: weich, glänzend, kompakt, mit einer feinen Lochung, sahneweiß, wobei die Farbe mit der Reifung zu elfenbeinweiß oder gelb tendiert
Aussehen: flache Ober- und Unterseite mit einem Durchmesser von 15–25 cm
Dicke/Gewicht: 3–4 cm / 2–4 kg
Ursprungsgebiet: die Almen am Fluss Tanaro, das heißt das Ortsgebiet von Ormea, das Valcasotto und die Valli Monregalesi

Testun

Das Herstellungsverfahren dieses klassischen Toma-Käses von der Alm ist dem des Bra sehr ähnlich. Jedoch wird der Testun aus reiner Schafsmilch oder mit einem kleinen Anteil an Kuhmilch hergestellt. Testun bedeutet im piemontesischen Dialekt «großer, dicker Kopf». Dieser Käse war fast vom Markt verschwunden, erlebt aber zur Zeit wegen seiner außergewöhnlichen organoleptischen Eigenschaften einen gewissen Aufschwung. Die Milch wird bei 37 °C dickgelegt und der Bruch in haselnussgroße Körner zerkleinert. Die Masse ruht etwa eine Stunde lang in der Molke, wird dann herausgehoben, geknetet, in die Formen gefüllt und gepresst. Anschließend werden die Laibe nacheinander auf beiden Seiten mit Meersalz trocken gesalzen, dann kommen sie zur Reifung in Keller oder Höhlen. Die Reifung kann zwei bis zwölf und mehr Monate dauern. Früher wurde sehr reifer Testun auch als Reibkäse verwendet.

Lab: flüssiges Kalbslab
Rinde: dünn, gelbbraun bis braun; oft weist die Rinde Streifen auf, weil der Käse auf Holzgeflechten reift
Teig: kompakt, weißbraun oder strohfarben; bei längerer Ausreifung kann eine Edelpilz-Äderung auftreten
Aussehen: Ober- und Unterseite sind flach, können aber auch runzelig sein und haben einen Durchmesser von 30–36 cm
Dicke/Gewicht: 8–10 cm / 4–8 kg
Ursprungsgebiet: ausschließlich die Almen zwischen dem Fluss Tanaro und dem Gebirgsbach Vermenagna in der Provinz Cuneo

Kuhmilch

Toma del Bot

Im Sturatal werden Toma-Käse entweder aus Schafsmilch (Toma Valle Stura) oder aus Kuhmilch (Toma del Bot) hergestellt. Die rohe Vollmilch wird auf 37 °C erwärmt und mit flüssigem Kalbslab zwei Stunden lang dickgelegt. Der Bruch wird mit einem speziellen Werkzeug *(bourcet)* zerkleinert und setzt sich auf dem Boden des Kessels ab. Anschließend wird die Masse mit einem gelöcherten Tuch *(reirola)* herausgehoben, gepresst, geknetet und geformt. Danach lässt man die Laibe abtropfen, bis keine Molkerückstände mehr vorhanden sind, und salzt sie von beiden Seiten mindestens 24 Stunden lang trocken. Schließlich wird der Käse drei Monate lang in Kellern gelagert. Während der Reifung müssen die Laibe ständig gewendet und dabei gegebenenfalls mit Salzwasser befeuchtet werden.

Lab: flüssiges Kalbslab
Rinde: dick, rau, je nach Reifegrad strohgelb bis braun
Teig: weich, kompakt, strohfarben oder goldgelb
Aussehen: flache Ober- und Unterseite mit einem Durchmesser von 10–15 cm
Dicke/Gewicht: 5 cm / 3–10 kg
Ursprungsgebiet: das nördliche Valle Stura in der Provinz Cuneo

Kuhmilch

Toma del Maccagno

Dieser Käse ist ein hervorragender «Cru» unter den Toma-Käsen aus dem Gebirge um Biella und Vercelli. Der Name stammt von der Alm Maccagno, die unterhalb des Monte Cossarello, nördlich von Biella, liegt. Die Toma del Maccagno war der Lieblingskäse der Regentin Margareta (1522 bis 1586). Die Herstellung beginnt mit dem Erwärmen der Rohmilch aus zwei Melkungen auf 37 °C (früher filterten die Hirten die Milch durch eine Schicht aus Farn oder Brennnesseln). Die Gerinnung erfolgt durch Kalbslab, und nach etwa zwei Stunden zerkleinert man den Bruch in drei bis acht Millimeter große Körner. Nachdem diese sich auf dem Boden des Kessels abgesetzt haben, wird die Masse mit einem gelöcherten Tuch aus dem Kessel herausgehoben, damit die Molke abfließen kann, und für 24 Stunden in die Fascere gelegt, die während dieser Zeit mehrmals gewendet werden. Im Anschluss salzt man die Laibe (heute meist durch Eintauchen in ein Salzbad), wäscht sie und schafft sie in die Reifekeller. Während der vierwöchigen Reifung werden sie immer wieder gewendet und mit Salzlake gewaschen.

Lab: flüssiges Kalbslab
Rinde: dünn, glatt, braun bis rötlich-braun
Teig: kompakt, elastisch, mit einer feinen Lochung, strohfarben bis goldgelb
Aussehen: flache Ober- und Unterseite mit einem Durchmesser von 10–15 cm
Dicke/Gewicht: 8–10 cm / 3–4 kg
Ursprungsgebiet: die Gegend um Biella, insbesondere die Täler Cervo, Elvo und Sessera

KUHMILCH

Toma di Balme

Toma di Balme wird nach einem Verfahren erzeugt, das für die Almen-Käserei typisch ist. Verwendet man nur die Vollmilch einer einzigen Melkung, so wird der Teig nicht halbgekocht. Die Milch wird auf 37 °C erwärmt und mit flüssigem Lab eingedickt. Anschließend wird der Bruch mit einem speziellen Werkzeug (in dieser Gegend *bourceret* genannt) in walnussgroße Körner zerkleinert. Nachdem die Masse sich abgesetzt hat, wird sie mit einem gelöcherten Tuch *(reirola)* herausgehoben. Sobald die Molke abgetropft ist, knetet man die Masse von Hand, formt sie grob und lagert sie für mindestens 24 Stunden auf einem Regal *(iloira)*, damit die Molke vollständig abfließt. Danach wird der Käse weitere 24 Stunden auf beiden Seiten trocken gesalzen. Früher bestreuten einige Senner die Käseoberfläche auch mit Pfeffer. Die Reifung erfolgt in einem feuchten Raum und dauert im Durchschnitt etwa einen Monat.

Lab: flüssiges Kalbslab
Rinde: bei jungem Toma glatt, dünn, stroh- oder goldgelb; bei gereiftem Toma rau, dick und dunkelbraun
Teig: kompakt, elastisch, mit relativ ausgeprägter Lochung, von tiefgelber Farbe
Aussehen: flache Ober- und Unterseite mit einem Durchmesser von 20–40 cm
Dicke/Gewicht: 8–15 cm / 3–11 kg
Ursprungsgebiet: der Ort Balme (die Almen Cumba und Pian Gioé Giasset)

Kuhmilch

Toma di Lanzo

Dies ist einer der lokalen Toma-Käse, der nicht in die DOP-Familie «Toma Piemontese» aufgenommen wurde. Von den DOP-Käsesorten unterscheidet er sich vor allem durch seine unregelmäßigere Form sowie, falls er in den Sommermonaten hergestellt wird, infolge der Eigenschaften der Weiden. Die Milch wird bei 37 °C mit flüssigem Lab eingedickt. Die Dauer der Dicklegung ist abhängig vom Fettgehalt und der Labmenge. Der Bruch wird zunächst grob geschnitten und, nachdem die Molke abgeflossen ist, maiskorngroß zerkleinert. Er muss sich fünf Minuten lang absetzen, dann füllt man die Masse in die Fascere, wo sie zwei Tage lang gepresst wird. Es folgt eine fünftägige Trockensalzung, allerdings fügen viele Käser bereits dann Salz hinzu, wenn die Masse aus dem Kessel gehoben wird. Anschließend legt man die Käselaibe in natürliche Höhlen, wo sie mindestens drei Monate reifen und täglich gewendet werden.

Lab: flüssiges Kalbslab
Rinde: glatt, mittelhart, braun oder dunkelbraun
Teig: kompakt, wird mit der Ausreifung ziemlich hart, weißbraun oder strohfarben
Aussehen: flache Ober- und Unterseite mit einem Durchmesser von 30–35 cm
Dicke/Gewicht: 10 cm / 4–8 kg
Ursprungsgebiet: das Valle di Lanzo, insbesondere das Val Grande und das Valle di Ala

KUH-, SCHAFS- UND ZIEGENMILCH

Toma/Robiola d'Alba

Der Name Robiola ist entweder auf den Ort Robbio Lomellina, wo diese Käsesorte seit alters her produziert wird, zurückzuführen oder auf das lateinische Wort *ruber,* von dem das italienische *rubeola* (= Röteln) abgeleitet wurde, das auf die Farbe, die die Haut des Käses bei der Reifung annehmen kann, hinweisen würde. In der Provinz Cuneo wird dieser Käse fälschlich Toma genannt (Toma ist normalerweise ein großer Almkäse). Das Herstellungsverfahren weist je nach Erzeugungsgebiet deutliche Unterschiede auf. Meist bringt man die Kuhmilch aus einer einzigen Melkung bei 35 bis 38 °C zur Gerinnung, schneidet den Bruch haselnussgroß und legt ihn bei einer Temperatur von 18 bis 25 °C für acht Stunden in kleine Formen: Hier findet die sogenannte Vorreifung statt. Nach der Trockensalzung erfolgt die Reifung in kühlen, feuchten Räumen. Sie dauert für jungen Käse bis zu acht Tagen, beim gereiften 40 bis 50 Tage. Die klassische Toma d'Alba zeichnet sich durch einen kompakteren Teig aus, der beim Schneiden deutliche Bruchstellen aufweist.

Lab: flüssiges Kalbslab
Rinde: bei der jungen Sorte ist die Haut weiß oder leicht strohfarben, bei der gereiften Sorte graubraun mit rötlichen Nuancen
Teig: butterig, weich, fast ohne Lochung, sahneweiß, wird mit der Reifung strohfarben und halbdurchsichtig
Aussehen: flache Ober- und Unterseite mit einem Durchmesser von 10–20 cm
Dicke/Gewicht: 2–4 cm / 200–400 g
Ursprungsgebiet: das gesamte Piemont, insbesondere die Provinz Cuneo

Toma Piemontese DOP

Die Herkunft des Wortes Toma, das im Piemont, im Aostatal, in Frankreich, in Savoyen, in den Pyrenäen und sogar auf Sizilien zum allgemeinen Wortschatz gehört, ist unklar. Ein möglicher Ursprung könnte im Ausfällen des Kaseins liegen, das zur Gerinnung der Milch führt, denn dieser Vorgang wird im Dialekt *tomé* genannt. Innerhalb der riesigen Familie der Toma-Käse ist der Toma Piemontese einer der verbreitetsten Käse und bisher auch der einzige, dem die DOP-Bezeichnung verliehen wurde. Die Milch aus zwei aufeinander folgenden Melkungen (oder aus einer einzigen Melkung, sofern es sich um Vollmilch handelt) lässt man maximal zwölf Stunden ruhen, wenn man sie als Vollmilch weiter verarbeitet, bzw. 24 Stunden, sofern man Halbfettkäse herstellen will, der nach der Entrahmung der Milch durch Aufrahmung gekäst wird. Die Milch wird in einem Kessel leicht gerührt und auf 32 bis 35 °C erwärmt, bevor das Kalbslab hinzugefügt wird. Nach 40 Minuten wird der Bruch zerkleinert und eventuell noch einmal erwärmt (wodurch er sozusagen halbgekocht wird), bis die reiskorngroßen Partikel sich auf dem Boden absetzen. Danach wird die Masse in die Fascere gelegt, gepresst, gewendet und maximal 15 Tage lang mit grobkörnigem Salz auf beiden Seiten trocken gesalzen. Alternativ können die Laibe auch 24 bis 48 Stunden in ein Salzbad getaucht werden. Während der Reifung, die in Grotten oder kühlen Räumen erfolgt, werden sie regelmäßig gewendet, manchmal auch gebürstet oder mit Salzwasser gewaschen. Wiegen sie mehr als sechs Kilogramm, dauert die Reifung mindestens 60 Tage; sind sie leichter, nimmt die Reifung nur 15 Tage in Anspruch. Toma Piemontese wird fast in der gesamten Region hergestellt, insbesondere in den Provinzen Novara, Vercelli, Biella, Turin und Cuneo sowie in den Orten Acqui Terme, Terzo, Bistagno, Ponti und Dentice (die zur Provinz Alessandria gehören), aber auch in den Ortschaften Monastero Bormida, Roccaverano, Mombaldone, Olmo Gentile und Serole, die zur Provinz Asti gehören.

Lab: flüssiges Kalbslab, Kalbs-Labpaste oder Kalbslab in Häutchen
Rinde: glatt, elastisch, strohfarben bis rotbraun
Teig: kompakt, elastisch, kann eine leichte Lochung aufweisen
Aussehen: flache Ober- und Unterseite mit einem Durchmesser von 15–35 cm
Dicke/Gewicht: 5–12 cm / 2–8 kg
Ursprungsgebiet: die Provinzen Novara, Vercelli, Biella, Turin und Cuneo sowie einige Orte in den Provinzen Alessandria und Asti
DOP vom 01.07.1996, Verordnung Nr. 1263

Die DOP-Bezeichnung Toma Piemontese (das entsprechende Herkunftszeichen ist auf dem Etikett zu sehen) gilt für eine große Anzahl von Toma-Käsesorten aus den piemontesischen Bergen, die sich in Form, Gewicht und Ausreifung unterscheiden.

Tomino di Talucco

Beim traditionell hergestellten Tomino di Talucco wird die reine Ziegenmilch zunächst auf etwa 85 °C erhitzt und dann bis auf 38 °C abgekühlt, bevor man flüssiges Kalbslab hinzufügt. Die Dicklegung dauert 40 Minuten. Danach wird der Bruch vorsichtig grob geschnitten und in kleine Formen gefüllt. Nach einem Tag werden beide Seiten trocken gesalzen (einige Käser geben das Salz auch direkt in die Milch). Am darauf folgenden Tag kann der Tomino frisch verzehrt werden. Traditionell ließ man den Käse länger reifen. Wenn die Laibe hart waren, wurden sie in kleine Gefäße aus Terrakotta *(ule)* gelegt und mit schwarzem Pfeffer oder Thymian und Quendel bestreut.

Lab: flüssiges Kalbslab
Rinde: wenn der Tomino frisch ist, ist sie nicht vorhanden, bei gereiftem Tomino ist sie dünn und hart, von rotgelber Farbe
Teig: fein, weich, feucht, kreideweiß, neigt mit der Reifung zu braun-weiß
Aussehen: flache Ober- und Unterseite mit einem Durchmesser von 5 cm
Dicke/Gewicht: 4 cm / 50 g
Ursprungsgebiet: die Dörfer Grandubbione und Talucco im Val Chisone

KUHMILCH

Toumin del Mel

Der Toumin entstand Mitte des 19. Jahrhunderts auf den Anhöhen des Varaitatals. Seinen Namen, der sich auf den Ort Melle (Mel) bezieht, in dem dieser Käse vermarktet wurde, erhielt er erst später. Der frisch gemolkenen Vollmilch wird nur wenig Lab hinzugefügt. Man lässt die Masse während der Gerinnung bei Zimmertemperatur verhältnismäßig lange ruhen (abhängig von der Arbeitsweise des Käsers). Danach schneidet man den Bruch in große Körner, die man mit einem Schaumlöffel in die traditionellen Förmchen füllt. Nachdem man diese mehrmals gewendet und die Oberflächen gesalzen hat, kommen die Laibe zur Reifung in feuchte, kühle Räume. Der Toumin strömt ein frisches, säuerliches, nach Buttermilch und Joghurt duftendes Aroma aus, das auch leicht an frisches Heu erinnert und mit der Reifung langsam Moosgeruch annimmt. Der Käse schmeckt mild, vollmundig und leicht säuerlich. Im Erzeugungsgebiet wird er als Füllung für die traditionellen Ravioli aus dem Varaitatal verwendet. Mit zunehmender Reifung wird der Geschmack würzig und mandelartig.

Lab: flüssiges Kalbslab
Rinde: bei jungem Toumin milchweiß, bei gereiftem porzellanweiß
Teig: fettreich, roh, weich, milchweiß, ohne Lochung
Aussehen: flache Ober- und Unterseite mit einem Durchmesser von 10–12 cm
Dicke/Gewicht: 1–2 cm / 150–200 g
Ursprungsgebiet: die Orte Melle, Frassino und Valmala im Valle Varaita

Valcasotto

Dieser hervorragende Almkäse, der kaum mehr zu finden ist, wird aus roher Kuhvollmilch hergestellt, der man meist einige Anteile Schafsmilch (in einigen Fällen Ziegenmilch) beimischt. Sobald die Milch auf 38 °C erwärmt wurde, fügt man ihr flüssiges Kalbslab hinzu. Nach der recht langsam verlaufenden Gerinnung wird der Bruch in walnussgroße Körner zerkleinert und die Masse herausgehoben, um dann einige Stunden in einem feuchtwarmen Raum bei 26 °C zu reifen. Anschließend wird sie in die Formen gefüllt. Wenn die Molke vollständig abgeschieden ist, taucht man die Laibe in ein Salzbad und lässt sie bei etwa 5 °C 10 bis 20 Tage reifen. Bei längerer Reifung wird der Teig cremiger und die Rinde dicker, wodurch sich die organoleptischen Eigenschaften des Valcasotto vollständig verändern.

Lab: flüssiges Kalbslab
Rinde: fast nicht vorhanden, wenn der Käse jung ist; braun, runzelig und mit rötlichen Schimmelstreifen bei lange gereiftem
Teig: weich, elfenbeinweiß oder strohfarben
Aussehen: flache Ober- und Unterseite mit einem Durchmesser von 15–25 cm
Dicke/Gewicht: 2–4 cm / 0,3–1 kg
Ursprungsgebiet: das nördliche Valle Tanaro, die an Ligurien angrenzenden Almen

Sardinien
(Sardegna)

Sardinien ist das Land der Schafe: Mehr als sieben Millionen davon gibt es auf dieser Insel, auf der die Käseherstellung eine sehr lange Tradition hat. Der verbreitetste Käse hier ist der Pecorino – in allen Variationen und in den verschiedensten Reifungsgraden.

Bonassai

Dieser Käse wurde zwar vom Institut für Tierzucht und Käseherstellung in Bonassai entwickelt, aber seine Herstellung ist inzwischen so weit verbreitet, dass man ihn bereits als traditionell ansieht. Die pasteurisierte Milch wird mit Milchfermenten beimpft und etwa 30 Minuten dickgelegt. Den Bruch zerschneidet man zunächst mit einer Käseharfe, dann mit einem großen, tiefen Löffel *(spanarola)* in walnussgroße Körner und füllt ihn dann zusammen mit der Molke in die Formen. Um das Abscheiden der Molke zu unterstützen, werden die Formen in warme Räume gestellt und mehrfach gewendet. Die getrockneten Laibe legt man ins Salzbad. Die Reifung dauert 20 bis 30 Tage und erfolgt in sehr feuchten, kühlen Räumen.

Lab: flüssiges Kalbslab
Rinde: dünn, runzelig, strohfarben
Teig: weich, fettreich, milch- oder elfenbeinweiß
Aussehen: Ober- und Unterseite sind flach, bei quadratischen Laiben messen die Kanten 18 cm, bei rechteckigen 9 x 18 cm
Dicke/Gewicht: 5–6 cm / 2–2,5 kg
Ursprungsgebiet: einige Orte in den Provinzen Nuoro, Sassari und Cagliari

Callu de cabreddu

Dieser Käse wird auch heute noch nach einem traditionellen Verfahren hergestellt, das auf die Ursprünge der Hirtenkultur dieser Insel zurückgeht. Nach der Schlachtung werden die Labmägen der Zicklein geleert, sorgfältig gewaschen, mit roher Ziegenmilch gefüllt und für die Reifung in einem kühlen Raum an einer Vorrichtung, die aus verschnürten Rohren *(cannittu)* besteht, aufgehängt. Während der Reifung, die vollendet ist, wenn die Haut des Labmagens fest und fast hart geworden ist (nach mindestens vier Monaten), wird der Käse geräuchert. Die äußere Einwirkung des Rauches sowie die gerinnungsfördernden Enzyme machen den Käse cremig, würzig und kräftig aromatisch. Der Callu de cabreddu wird als Tafelkäse oder Brotaufstrich verzehrt, ebenso zu den regionalen Antipasti.

Lab: natürliches Lab aus dem Labmagen eines Zickleins
Rinde: der Labmagen selbst
Teig: roh, weich, grauweiß
Aussehen: glatte Oberfläche, mit einem Durchmesser von 12–18 cm
Dicke/Gewicht: unterschiedlich
Ursprungsgebiet: Zentralsardinien, insbesondere die Provinzen Oristano, Nuoro und Cagliari

ZIEGENMILCH

Caprino a latte crudo

Die Rohmilch *(latte crudo)* wird durch direkte Hitzezufuhr auf 36 °C erwärmt und mit in Wasser aufgelöstem Zickleinlab dickgelegt und gefiltert. Den Bruch zerschneidet man entweder von Hand oder mit einem Rührwerkzeug aus Holz. Nachdem er sich auf dem Kesselboden abgesetzt hat, wird der Käseteig portioniert, in die Formen gefüllt, in Salzlake getaucht und schließlich auf ein Rohrgeflecht gelegt, wo die Laibe mit Steineichenholz geräuchert werden. Die Rinde ist gelb oder braun, der Teig kompakt und von weißer oder strohgelber Farbe. Er schmeckt je nach Reifungsgrad mehr oder weniger würzig. Die Reifung selbst erfolgt in Kellern. Caprino a latte crudo wird entweder als Tafelkäse verzehrt oder als Zutat für die Zubereitung von verschiedenen Nudel- sowie Hauptgerichten verwendet.

Lab: in Wasser aufgelöstes Zickleinlab
Rinde: kompakt, unterschiedlich hart, gelb oder braungelb
Teig: roh, hart, elfenbeinweiß oder leicht strohgelb
Aussehen: flache Ober- und Unterseite mit einem Durchmesser von 20–30 cm
Dicke/Gewicht: 12–18 cm / 1,5–3,5 kg
Ursprungsgebiet: die gesamte Insel

Casu axedu

Die Milch wird auf 35 bis 36 °C erwärmt, mit saurer Molke vom Vortag vermischt und mit Zickleinlab dickgelegt. Nach etwa 30 Minuten schneidet man den Bruch in rechteckige Stücke und lässt ihn bis zum nächsten Tag ruhen, damit die Molke ablaufen kann. Danach wird die Masse in die Formen gefüllt und kann nach wenigen Stunden verzehrt werden. Casu axedu schmeckt säuerlich. Manchmal lässt man den Bruch weitere 48 Stunden ruhen und legt ihn in eine hoch konzentrierte Salzlake, in der man den Käse lange Zeit aufbewahren kann. In diesem Fall wird der Käse Fiscidu genannt und zur Zubereitung verschiedener lokaler Suppengerichte sowie als Füllung für die landestypischen Kartoffelravioli verwendet.

Lab: Zicklein-Labpaste
Teig: roh, weich, säuerlich, weiß oder strohfarben
Aussehen: rechteckig, mit flacher Ober- und Unterseite
Dicke/Gewicht: 4–7 cm / 150–300 g
Ursprungsgebiet: fast die gesamte Insel

Casu marzu

Casu marzu wird saisonal auf ganz Sardinien, insbesondere in der Provinz Nuoro hergestellt. Die Basis bilden Pecorino-Käse (überwiegend Fiore Sardo), die durch aufgesetzte Piophila-casei-Larven vorsätzlich verdorben werden. Die Larven, die sich vom Käse ernähren, verwandeln den Teig zügig in eine sehr würzige und aromatische Creme. Casu Marzu kann höchstens vier Monate lang aufbewahrt werden, danach entfaltet sich ein äußerst unangenehmer Geruch und Geschmack. Die Farbe dieses cremigen Käse aus rohem Teig, dessen Reifung durch Eiweiß- und Fettspaltung erfolgt, reicht von gelb bis braun, sein Geschmack ist würzig und intensiv.

Teig: roh, cremig, gelb bis braun
Ursprungsgebiet: die gesamte Insel, insbesondere die Provinz Nuoro

Fiore Sardo DOP

Für die industrielle Herstellung von Fiore Sardo wird eine Mischung aus Schafs- und Kuhmilch verwendet, die üblicherweise pasteurisiert wird. Die reine Tradition verlangt allerdings, dass dieser Käse ausschließlich aus frischer Schafsrohmilch hergestellt wird. Die sardische Schafrasse ist autochthon und stammt angeblich direkt vom Mufflon ab, das bis heute die abgeschiedensten und unzugänglichsten Gebiete der Insel bevölkert. Der Ursprung dieses Pecorino ist sehr alt und liegt wahrscheinlich beim frühgeschichtlichen Volk der Nuragen. Den gesetzlichen Bestimmungen zufolge kann Fiore Sardo zwar auf ganz Sardinien erzeugt werden, traditionell wurde dieser Käse aber von den Berghirten in ihren schlichten Hütten *(pinnette)* hergestellt, in deren Mitte sich die Feuerstelle befand: Daher stammt der charakteristische Rauchgeruch, den ein authentischer Fiore Sardo entfalten muss. Die heutige Herstellungsmethode der Hirten ist immer noch traditionell: Die Milch aus einer einzigen Melkung wird unbehandelt in einen Kessel geleert (früher verwendete man einen Holzbottich) und mit Zicklein- oder Kalbs-Labpaste zur Gerinnung gebracht. Nachdem man den Bruch mit einem speziellen Werkzeug *(chiova)* zerkleinert hat, wartet man, bis er sich auf den Kesselboden abgesetzt hat, um ihn dann mit einem speziellen Messer zu zerschneiden. Anschließend wird die Masse in die Formen gefüllt. Die entsprechenden Auflagen verlangen, dass Fiore Sardo die Form von «zwei an der größeren Grundfläche zusammengefügten Kegelstümpfen» aufweisen muss. Praktisch haben also die Grundflächen einen kleineren Durchmesser als der Mittelteil. Die Formen werden in heißes Wasser getaucht, damit die Rinde dicker wird. Nach dem Eintauchen in ein Salzbad lässt man den Fiore Sardo zunächst in der *pinnetta* reifen, wobei die Laibe erst auf ein über der Feuerstelle hängendes Rohrgeflecht, später auf den Dachboden gelegt werden. Schließlich kommen sie in Kellerräume, in denen sie regelmäßig gewendet und mit Olivenöl (manchmal mit Schaf-Fett vermischt) eingefettet werden. Die Reifung dauert insgesamt zwei bis acht Monate.

Lab: Lamm- oder Zicklein-Labpaste
Rinde: trocken, hart, tiefgelb bis schwarzbraun
Teig: kompakt, strohgelb oder weiß, ohne Lochung, je nach Reifegrad mehr oder weniger hart
Aussehen: flache Ober- und Unterseite mit einem Durchmesser von 12–25 cm
Dicke/Gewicht: 13–15 cm / 1–5 kg
Ursprungsgebiet: die gesamte Insel
DOP vom 01.07.1996, Verordnung Nr. 1263

Nach einer längeren Reifung wird der Teig des Fiore Sardo sehr hart und brüchig, wodurch er sich bestens zum Reiben eignet.

Fresa

Die Eigenschaften der Fresa können mit denen des Stracchino verglichen werden. Die Milch wird 30 bis 40 Minuten lang bei einer Temperatur von 36 bis 37 °C mit Kalbslab dickgelegt. Den Bruch zerkleinert man von Hand in recht grobe Körner, danach lässt man ihn sich auf dem Kesselboden absetzen, hebt ihn heraus und verteilt ihn in die Formen. Die Salzung kann sowohl trocken als auch im Salzbad erfolgen. Die Rinde ist leicht gelb, der Teig hingegen hat eine intensive strohgelbe Farbe und schmeckt säuerlich. Die Fresa ist einer der wenigen Weichkäse Sardiniens. Man kann sie jung verzehren oder auch in der Pfanne braten. Zur Herstellung von Fresa wird auch Schafsmilch verwendet.

Lab: flüssiges Kalbslab
Rinde: dünne Haut, leicht strohfarben
Teig: roh, weich, strohgelb
Aussehen: flache Ober- und Unterseite
Dicke/Gewicht: 5 cm / 1–1,5 kg
Ursprungsgebiet: die Orte Bonoria, Bortigali, Bosa, Macomer, Silanus

Schafsmilch

Gioddu

Die Legende erzählt von einem sardischen Hirten, der einen Korkeimer mit frisch gemolkener Schafsmilch in einer Ecke seines Stalles vergaß. Ehe er diese Milch am nächsten Morgen wegschüttete, probierte er sie neugierig, und siehe: Sie mundete ihm bestens. Dies war die Geburtsstunde des Mizzurado (Dialekt für *migliorato* = verbessert) oder Gioddu, den man heute durch Erhitzen der Schafsmilch auf 80 bis 95 °C und darauf folgende Abkühlung auf 45 °C herstellt. Früher legte man heiße Steine in die Milch. Sobald die richtige Temperatur erreicht ist, fügt man Fermente hinzu (sie ähneln jenen, die man für Joghurtkulturen verwendet), deren genaue Zusammensetzung jedoch das Geheimnis jeder Familie ist, die Gioddu herstellt. Nach der Säuerung wird die Gallerte zerschnitten, und der Gioddu ist fertig. Man kann ihn aber durchaus noch einige Tage reifen lassen.

Lab: Milchfermente
Teig: körnig, fast flüssig, sahneweiß
Ursprungsgebiet: die gesamte Insel

Ircano

Für die Herstellung von Ircano wird die Milch bei einer Temperatur von 72 °C 15 bis 30 Minuten lang pasteurisiert. Danach wird die Masse auf 36 bis 38 °C abgekühlt, mit Milchbakterien beimpft und mit Lab vermischt. Sobald der Bruch die gewünschte Konsistenz erlangt hat (etwa 30 Minuten nach dem Einlaben), zerkleinert man ihn zu haselnussgroßen Körnern. Anschließend wird die Masse in zylindrische oder sechseckige Formen gefüllt, die für zwei bis drei Stunden bei einer Temperatur von 37 bis 45 °C in einen Trockenraum gelegt werden. Danach werden die Käselaibe in ein Salzbad getaucht und in die Reiferäume gebracht. Beim Verzehr schmeckt und riecht der Ircano leicht säuerlich.

Lab: flüssiges Kalbslab
Rinde: weiß und dünn
Teig: roh, weich und weiß
Aussehen: flache Ober- und Unterseite
Dicke/Gewicht: 7–8 cm / 1,5 kg
Ursprungsgebiet: die Orte Guspini, Tertenia und San Nicolò Gerrei

Pecorino Romano DOP

Pecorino Romano wird von Oktober bis Juli hergestellt, dabei wird zunächst die frisch gemolkene Milch vom Vorabend mit der Morgenmilch vermischt. Nach Filterung und Erwärmung wird die Milch in einen Kessel geleert, dort werden ihr Milchfermente beigemischt, man erwärmt sie auf 39 °C und fügt Lamm-Labpaste hinzu. Die Gerinnung dauert 25 bis 30 Minuten, danach wird der Bruch auf Reiskorngröße zerkleinert und auf 45 bis 48 °C nachgewärmt. Nun kommt er in Dränagebecken; nach dem Abscheiden der Molke zerschneidet man ihn in Blöcke, die in die Fascere gelegt und gepresst werden. Im Anschluss werden die Käselaibe mit einem Herkunftszeichen versehen, und es folgt die mehrfache Trockensalzung, die in speziellen Räumen *(caciare)* durchgeführt wird. Für die Salzung sind erfahrene, hochgefragte Salzmeister zuständig. Für Tafelkäse können die Laibe nun fünf Monate, für Reibkäse mindestens acht Monate ausreifen. Währenddessen werden sie mit Salzwasser gewaschen und manchmal auch mit einer Schutzschicht überzogen. Die für den Export geeigneten Laibe werden sorgfältig ausgesucht und mit einer dunklen Plastikhülle überzogen: Dies erinnert an die uralte Methode, den Pecorino während der Reifung mit Öl und Ölhefe oder Asche einzureiben.

Lab: Lamm-Labpaste
Rinde: glatt, strohgelb mit grünlichen Nuancen; die für den Export bestimmten Laibe werden mit einer dunklen Plastikhülle überzogen
Teig: weiß oder strohfarben, hat eine kompakte Struktur, manchmal eine leichte Lochung; zu Beginn der Reifung ist er sehr elastisch, mit der Zeit wird er immer fester und trockener
Aussehen: flache Ober- und Unterseite mit einem Durchmesser von 25–30 cm
Dicke/Gewicht: 20 cm / 20–35 kg
Ursprungsgebiet: die römische Campagna, die Provinz Grosseto und das gesamte Sardinien
DOP vom 12.06.1996, Verordnung Nr. 1107

Hier erkennt man deutlich den granitartigen Teig eines gut gereiften Pecorino Romano.

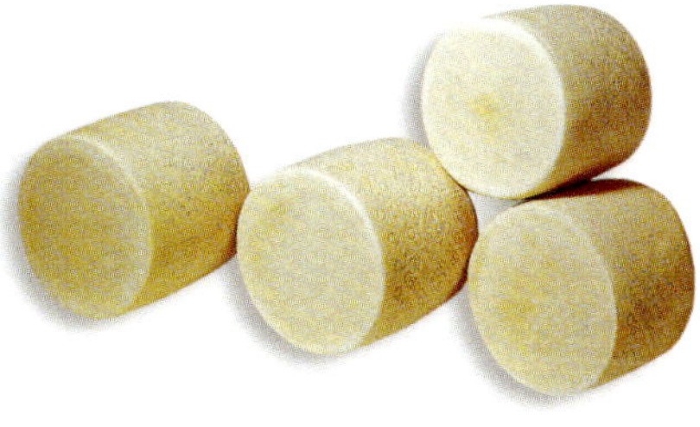

Diese Pecorino-Laibe haben nicht die klassische schwarze Beschichtung, die früher zur Kennzeichnung der für den Export bestimmten Laibe diente und heute nur noch dekorative Funktion hat.

SCHAFSMILCH

Pecorino Sardo DOP

Beide Varianten des Pecorino Sardo (die milde und die gereifte) werden als Tafelkäse verzehrt, die gereifte eignet sich auch als Reibkäse. Die Herstellungsauflagen sehen die Verwendung von Schafsvollmilch vor, der aber natürliche Milchfermente beigemischt werden können. Die Milch wird mit Kalbslab dickgelegt. Für den milden Pecorino Sardo zerschneidet man den Bruch in haselnussgroße Körner, für die gereifte Sorte haben die Partikel nur Maiskorngröße. Danach wird die Masse in flache zylindrische Formen gefüllt. Man salzt die Laibe entweder trocken oder taucht sie in ein Salzbad. Die Reifung dauert 20 bis 60 Tage für die milde Sorte und zwei bis zwölf Monate für die gereifte, die auch geräuchert werden kann. Milder Pecorino Sardo hat eine glatte, dünne Rinde, die entweder weiß oder leicht strohgelb ist, und einen weichen, weißen Teig, der entweder kompakt ist oder nur wenige Löcher hat, dabei mild, würzig oder leicht säuerlich schmeckt. Der Fettgehalt in der Trockenmasse muss mindestens 40 Prozent betragen. Gereifter Pecorino Sardo zeichnet sich durch eine etwas dickere Rinde aus, die je nach Reifegrad strohgelb bis braun ist. Der weiße oder strohgelbe Teig ist kompakt oder weist eine nur leichte Lochung auf. Der weiche, elastische Teig der jüngeren Laibe wird mit der Zeit immer härter, manchmal sogar körnig, und schmeckt angenehm würzig. Der Fettgehalt in der Trockenmasse muss mindestens 35 Prozent betragen.

Lab: flüssiges Kalbslab in der industriellen Herstellung; Ziegen- oder Lamm-Labpaste in der handwerklichen Herstellung
Rinde: dünn, strohgelb, wird mit der Reifung dunkler
Teig: elastisch, halbgekocht
Aussehen: flache Ober- und Unterseite mit einem Durchmesser von 15–20 cm
Dicke/Gewicht: 6–13 cm / 1,7–4 kg
Ursprungsgebiet: die gesamte Insel
DOP vom 12.06.1996, Verordnung Nr. 1107

Sardinien hat einen riesigen Schafbestand von über sieben Millionen Stück. Die Milch wird zum größten Teil für die Herstellung von Pecorino Sardo verwendet.

Peretta

Nachdem die Milch erhitzt und wieder auf 37 °C abgekühlt worden ist, fügt man das Lab hinzu und beimpft sie – zumindest in einigen Käsereien – mit Molkekulturen. Nach der Dicklegung wird der Bruch zerschnitten, bis die Partikel haselnussgroß sind. Da Peretta ein Knetkäse ist, lässt man die Masse etwa 24 Stunden lang reifen, damit sie elastisch wird und geknetet werden kann. Nach dem Kneten modelliert man den Teig zu einer Birne *(pera)* mit einem kleinen «Kopf». Anschließend legt man die Käse zunächst kurz in kaltes Wasser, um den Teig zu festigen, und salzt sie dann im Salzbad. Danach werden die Perette in die Reiferäume gehängt, wo sie maximal 15 Tage bleiben. Dieser Käse wird normalerweise jung verzehrt, man kann ihn aber auch gut als Füllung für Ravioli oder für *sebadas,* eine typische sardische Süßspeise, verwenden.

Lab: Kalbslab in flüssiger Form oder als Pulver
Rinde: dünn und glatt, strohfarben
Teig: strohfarben, kompakt und weich
Aussehen: rundlich
Dicke/Gewicht: unterschiedlich / 0,5–1 kg
Ursprungsgebiet: die gesamte Insel

Ricotta gentile

Bei der Herstellung dieser Ricotta-Sorte wird die Molke in einen Kessel mit doppeltem Boden geleert und unter ständigem Rühren auf 80 °C erhitzt. Wenn das Eiweiß der Molke an der Oberfläche sichtbar wird, beendet man das Rühren und schöpft die Masse, sobald sie sich vollständig abgesetzt hat, mit einem Schaumlöffel vorsichtig in Körbchen, die die Form eines Kegelstumpfs haben. Danach wird die Ricotta einige Zeit in einen 5 bis 10 °C kühlen Raum gelegt, verpackt und verkauft. Ricotta gentile wird auch Ricotta Romana genannt, denn der Rohstoff dieses Käses ist die Molke, die bei der Herstellung von Pecorino Romano übrig bleibt. Diese Ricotta ist weiß, weich und cremig, von sehr mildem Geschmack. Sie wird gern für die Zubereitung von Ravioli und Süßspeisen verwendet.

Teig: sehr cremig, sahneweiß
Aussehen: die Oberfläche ist glatt, der größte Durchmesser misst 20 cm, der geringste 10 cm
Dicke/Gewicht: 8–10 cm / 1,5–2 kg
Ursprungsgebiet: die Provinzen Nuoro, Cagliari, Sassari, Oristano

SCHAFSMOLKE

Ricotta mustia

Die Molke wird unter ständigem Rühren auf 82 bis 85 °C erhitzt, doch sobald sich die Ricotta (genauer gesagt: das Molkeeiweiß) absetzt, wird das Rühren eingestellt. Man lässt die Masse in fünf bis zehn Minuten fest werden und füllt sie anschließend in zylindrische Formen. Um das Abscheiden der Molke zu begünstigen, wird auf jede Form über Nacht ein Holzteller gelegt. Danach werden die Laibe trocken gesalzen und fünf bis sechs Stunden lang in Kräuterrauch geräuchert. Das fertige Erzeugnis hat eine zylindrische Form und eine schöne Bernsteinfarbe. Der Teig ist weiß, weich und kompakt, der Geschmack leicht salzig.

Rinde: dünn, von mittlerer Kompaktheit, bernsteinfarben
Teig: weich, gepresst, weißbraun
Aussehen: flache Ober- und Unterseite mit einem Durchmesser von 16–18 cm
Dicke/Gewicht: 2 cm / 0,8–2 kg
Ursprungsgebiet: die gesamte Insel, insbesondere die Provinz Sassari

Semicotto caprino

Die Milch wird auf 38 °C erwärmt und anschließend mit Molkebakterien beimpft sowie mit Kalbslab vermischt. Sobald der Bruch die gewünschte Konsistenz hat, wird er zunächst zerkleinert, dann einige Minuten halbgekocht. Danach wird die Masse in die Formen gefüllt und einige Stunden lang in einen warmen Raum gelegt, damit die Molke abfließen kann. Am darauf folgenden Tag taucht man die Käselaibe für etwa 48 Stunden in ein Salzbad. Zuletzt reifen die Laibe in Kellern, in denen Feuchtigkeit und Temperatur exakt geregelt sind. Der Teig ist weiß und kompakt. Die gereifte Sorte hat einen ausgeprägten Geschmack, die junge ist feiner. Semicotto wird auf ganz Sardinien hergestellt, manchmal auch aus Kuhmilch.

Lab: flüssiges Kalbslab
Rinde: hart, glatt, dunkelbraun
Teig: hart, halbgekocht, weiß
Aussehen: flache Ober- und Unterseite mit einem Durchmesser von 20–25 cm
Dicke/Gewicht: 10–15 cm / 3–4 kg
Ursprungsgebiet: die Provinzen Nuoro und Cagliari

Sizilien
(Sicilia)

Auf Sizilien findet man noch sehr viel Milchvieh, das aus autochthonen Rassen besteht, die eng mit dieser Region verbunden sind. Die Modicana-Kühe liefern den besten Ragusano, während die legendäre Vastedda nur aus der Milch des Belice-Schafs hergestellt wird.

Kuhmilch

Caciocavallo Palermitano

Die Milch aus einer Melkung wird in einem Holzbottich mit Zickleinlab dickgelegt. Der fein zerkleinerte Bruch wird herausgehoben und zusammen mit der Molke gepresst. Danach lässt man die Masse in der Molke stehen und trocknen. Am nächsten Tag wird der Teig geschnitten und geknetet. Das Modellieren erfolgt in zwei Phasen: Zunächst wird der Käse von Hand in eine ovale Form *(primintiu)* gebracht, danach wird ihm mit einem speziellen Rührwerkzeug aus Holz – einem Stock mit einer konvexen Holzscheibe, der *ruotula* – die charakteristische Wabenform verpasst. Die Reifung erfolgt in kühlen, belüfteten Räumen und dauert ein bis drei Monate. Caciocavallo Palermitano passt gut zu Rotweinen wie Baglio, Eredità, Nubetonda usw. Der in Cinisi und Godrano hergestellte Caciocavallo ist besonders geschätzt, denn er wird aus der Milch von Cinisara-Kühen hergestellt, die frei auf den Weiden gehalten werden.

Lab: Zicklein-Labpaste
Rinde: kompakt, glänzend, strohfarben oder gelbbraun
Teig: Knetkäse, gekocht, halbfest, stroh- bis goldfarben
Aussehen: rechteckig, mit flacher Ober- und Unterseite, die Kanten messen 30–45 cm
Dicke/Gewicht: 12–18 cm / 3–10 kg
Ursprungsgebiet: die Provinzen Palermo und Trapani, insbesondere die Gegend um Cinisi und Godrano

Canestrato

Die Milch wird auf 37 °C erhitzt, in einen Holzbottich geleert und mit Labpaste vermischt. Anschließend wird die Masse herausgehoben und in Binsenkörbe gefüllt, die dem Käse seine besondere Form verleihen. Beim Einfüllen wird die Masse von Hand gepresst und manchmal mit schwarzen Pfefferkörnern oder Chilistückchen vermischt. Danach wird der Bruch bei 80 °C gekocht und zum Trocknen auf Holzbretter gelegt. Am darauf folgenden Tag werden die Laibe mit Meersalz trocken gesalzen, bis der Teig kein Salz mehr aufnimmt und sich auf der Oberfläche eine Salzschicht bildet. Zur Reifung kommen die Canestrato-Laibe in sehr kühlen, gut belüfteten Kellerräumen oder natürlichen Höhlen. Die Reifezeit ist unterschiedlich lang und hängt von dem Grad der Affinage ab, die man erzielen will.

Lab: Lamm- oder Zicklein-Labpaste
Rinde: runzelig, ockerfarben, das Korbmuster ist gut sichtbar
Teig: kompakt, unterschiedlich hart, eventuell mit leichter Lochung, strohfarben
Aussehen: flache oder leicht konkave Ober- und Unterseite mit einem Durchmesser von 18–35 cm
Dicke/Gewicht: 12–28 cm / 5–20 kg
Ursprungsgebiet: die gesamte Insel

Maiorchino

Die Milch wird auf 39 °C erwärmt, mit Zicklein- oder Lammlab vermischt und eine Stunde lang dickgelegt. Nachdem der Bruch fein zerschnitten wurde, wärmt man ihn bei 60 °C nach, lässt ihn kurz ruhen, füllt ihn dann in die Formen und presst ihn von Hand. Anschließend pikiert man den Teig mit einer dünnen Eisenstange *(minacino)*, damit die Molke besser austreten kann. Die Käselaibe werden 20 bis 30 Tage lang trocken gesalzen und danach eingeölt. Der Maiorchino dient vor allem als Reibkäse zur Verfeinerung von Nudelgerichten. Nach einem alten Brauch rollen die Hirten im Karneval die Maiorchino-Laibe im Dorf Novara di Sicilia die Hauptstraße hinunter.

Lab: Zicklein- oder Lamm-Labpaste
Rinde: hart, kompakt, ziegelsteinbraun
Teig: fettreich, gekocht, strohgelb
Aussehen: flache Ober- und Unterseite mit einem Durchmesser von 30–33 cm
Dicke/Gewicht: 10–12 cm / 10–12 kg
Ursprungsgebiet: die Gegend um die Monti Peloritani, insbesondere die Orte Bosico, Novara di Sicilia, Montalbano di Elicona, Fondachelli, Tripi, Santa Lucia del Mela und Mezzarrà Sant'Andrea

Pecorino Siciliano DOP

Dieser Käse hat eine sehr lange Geschichte – man kannte ihn bereits in der griechischen Antike. Plinius, der als erster einheimische und ausländische Käsesorten klassifizierte, bezeichnete ihn als einen der besten Käse seiner Zeit. Der Pecorino Siciliano wird aus roher Schafsvollmilch hergestellt. Üblicherweise wird die Milch der Abendmelkung in einem kühlen Raum aufbewahrt und dann mit jener der Morgenmelkung vermischt. Es gibt auch Schafställe, in denen zweimal pro Tag gekäst wird. Man erwärmt die Milch auf 37 °C und fügt pro 100 Kilogramm Milch 100 Gramm Lamm-Labpaste hinzu, die nach traditionellen Methoden gewonnen wird. Nach einer Gerinnungszeit von 25 bis 30 Minuten zerkleinert man den Bruch mit Hilfe eines Stocks, an dessen Ende sich eine konvexe Holzscheibe befindet (die *ruotula*), in etwa linsengroße Körner. Danach gibt man 75 °C heißes Wasser in den Kessel. Schließlich wird der Bruch in Binsenkörbe *(fascedde)* gefüllt, von Hand gepresst und etwa drei Stunden in 85 °C heißer Molke gekocht. Anschließend stellt man die Körbe für 24 Stunden auf schräge Tische, damit die restliche Molke abfließen kann. Danach wird der Käse trocken gesalzen und kann mit dem Vermerk *primo sale* (= erste Salzung) verkauft werden. Ansonsten reifen die Laibe aus, wobei sie nach zehn Tagen ein zweites Mal und eventuell nach zwei Monaten ein drittes Mal gesalzen werden. Die Ausreifung muss mindestens vier Monate dauern. Der Pecorino Siciliano wird vor allem zum Verfeinern einiger sizilianischer Gerichte, wie zum Beispiel *gnocchetti, maccheroni al sugo, bucatini alla contadina,* geschätzt.

Lab: Lamm-Labpaste
Rinde: elfenbeinweiß, runzelig, wobei das Muster der Körbe, in die der Bruch zum Abscheiden der Molke gefüllt wird, gut sichtbar ist
Teig: roh, zu Beginn der Reifung elastisch, mit der Zeit aber immer härter und kompakter, elfenbeinweiß, mit rötlichen Streifen, oft mit ganzen schwarzen Pfefferkörnern gefüllt
Aussehen: flache oder leicht konkave Ober- und Unterseite mit einem Durchmesser von 18–35 cm
Dicke/Gewicht: 12–28 cm / 4–12 kg
Ursprungsgebiet: die gesamte Insel
DOP vom 12.06.1996, Verordnung Nr. 1107

Der Pecorino Siciliano wird entweder unmittelbar nach der Herstellung verzehrt (tuma) *oder nach 15* (primo sale) *bzw. 50 Tagen (*semistagionato = *halbgereift). Der einzige Pecorino Siciliano, der die DOP-Bezeichnung tragen darf, ist jedoch derjenige, der mindestens vier Monate gereift ist.*

Schafsmilch

Piacentino

Die Milch wird in einem *quadara* genannten Gefäß erwärmt und üblicherweise mit im eigenen Betrieb gewonnenem Zicklein- oder Lammlab dickgelegt. Anschließend zerkleinert man den Bruch mit einem Stock, an dessen Ende sich eine konvexe Holzscheibe befindet *(ruotula)*, auf Reiskorngröße und fügt warmes Wasser im Verhältnis von zehn Prozent zur Milchmenge hinzu. Man lässt die Masse *(lacciata)* nun etwa 15 Minuten stehen, damit sie sich absetzt. Danach wird sie in Binsenformen gefüllt und in heißer Molke überbrüht. Nach zwei bis drei Tagen werden die Laibe etwa einen Monat lang trocken gesalzen, anschließend lässt man sie reifen. Der Piacentino kann sowohl als Tafelkäse wie auch als Reibkäse verzehrt werden.

Lab: Zicklein- oder Lamm-Labpaste
Rinde: hart, runzelig, braun
Teig: roh, weich, strohgelb bis goldgelb bzw. safranfarben
Aussehen: leicht konkave Ober- und Unterseite mit einem Durchmesser von 18–30 cm
Dicke/Gewicht: 22–35 cm / 6–14 kg
Ursprungsgebiet: die Orte im Binnenland der Provinz Enna

KUHMILCH

Provola dei Nebrodi

Die Herstellungsmethode dieses traditionellen sizilianischen Käses, den die örtlichen Käsereien produzieren, wird innerhalb der Familien weitergegeben. Die auf 45 °C erhitzte Milch bringt man mit Lamm- oder Zickleinlab zur Gerinnung. Dem in erdnussgroße Stücke zerkleinerten Bruch fügt man warmes Wasser hinzu und lässt ihn etwa zwölf Stunden lang reifen. Danach wird der Käseteig in heißem Wasser geknetet und geformt. Nach der Salzung in einem Salzbad lässt man den Käse einige Tage ruhen und anschließend in kühlen, belüfteten Räumen ausreifen. Der Geschmack kann je nach Reifungsgrad mild bis pikant sein. Der Provola dei Nebrodi ist ein erstklassiger Tafelkäse, den man auch als Zutat bei einigen landestypischen Gerichten verwendet.

Lab: Lamm- oder Zicklein-Labpaste
Rinde: glatt, strohfarben bis bernsteinfarben
Teig: Knetkäse, roh, strohfarben
Aussehen: birnenförmig, mit glatter Oberfläche, wobei der maximale Durchmesser 10–20 cm misst
Dicke/Gewicht: 20–30 cm / 1–1,5 kg
Ursprungsgebiet: der Ort Capizzi in der Provinz Messina, die Orte Cerami und Nicosia in der Provinz Enna sowie die angrenzenden Gebiete

Provola delle Madonie

Die Milch wird auf 37 bis 38 °C erwärmt und entweder im traditionellen Holzbottich oder in einem verzinnten Kupferkessel mit Lamm-Labpaste dickgelegt. Sobald der Bruch die gewünschte Konsistenz erlangt hat, wird er in haselnussgroße Körner zerkleinert. Danach wird die Masse durch Hinzufügen von warmem Wasser oder warmer Molke für unterschiedlich lange Zeit gesäuert, anschließend herausgehoben und zum Trocknen auf einen großen Holztisch gelegt. Nun schneidet man den Teig in dünne Scheiben, die in einen Holzbottich gelegt und mit 85 °C heißem Wasser befeuchtet werden. Der Teig wird mit Hilfe eines Stocks geknetet und gezogen. Sobald er elastisch genug ist, formt man ihn zu kleinen Birnen. Die Provola-Käse werden paarweise zusammengebunden und in einem kühlen, belüfteten Raum über eine Stange gehängt, um so 10 bis 15 Tage zu reifen.

Lab: Lamm-Labpaste
Rinde: glatt, dünn, strohgelb
Teig: kompakt, weich, elastisch, elfenbeinweiß bis strohfarben
Aussehen: rundlich, mit glatter Oberfläche
Dicke/Gewicht: 10–30 cm / 1–1,2 kg
Ursprungsgebiet: das Gebiet der Monti delle Madonie

Ragusano DOP

Der Ragusano gehört seit Jahrhunderten zur kulinarischen Tradition Siziliens. Bereits im 14. Jahrhundert wurden die Käse aus Ragusa exportiert – bis nach Zadar an der dalmatinischen Küste. Der Ragusano ist im Grunde ein Caciocavallo, jedoch mit einer besonderen Form, die auf Sizilianisch *scaluni* (= Stufe) genannt wird. Diese Form bewährte sich besonders nach dem Ersten Weltkrieg, als durch die sizilianischen Auswanderer in den Vereinigten Staaten eine starke Nachfrage nach Ragusano bestand. Die Hersteller vergrößerten einfach die Laibe, die bis dahin sieben bis acht Kilogramm gewogen hatten. Ragusano wird aus roher Kuhvollmilch hergestellt (meistens handelt es sich um Modicana-Kühe, die frei auf den Weiden der Monti Iblei gehalten werden, auf denen besonders viele aromatische Kräuter wachsen). Die Milch wird auf 34 °C erwärmt und mit Zicklein- oder Lammlab in 60 bis 90 Minuten zur Gerinnung gebracht. Der Bruch wird in zwei Phasen, zwischen denen man warmes Wasser hinzufügt, fein zerkleinert. Anschließend hebt man den Teig heraus und lässt ihn reifen, um ihn kneten und in die charakteristische Form ziehen zu können. Nach einem Salzbad reift er unterschiedlich lang weiter: Nach einer Woche wird der Ragusano jung verkauft, man kann damit aber auch bis zu vier Monaten warten. Der gereifte Ragusano schmeckt pikant und würzig. Er wird als Beilage zu Gemüse gereicht, in Scheiben bzw. Späne geschnitten oder gerieben. In dicken Scheiben kann er auch gut paniert und frittiert werden. Produktionsstätten befinden sich in den Orten Acote, Chiaramonte Gulfi, Comiso, Giarratana, Ispica, Modica, Monterosso Almo, Ragusa, Santa Croce Camerina, Sciali und Vittoria in der Provinz Ragusa sowie in den Orten Noto, Palazzolo Acreide und Rosolini in der Provinz Syrakus.

Lab: Zicklein- oder Lamm-Labpaste
Rinde: kompakt, dünn, von unterschiedlicher Farbe, die von blond bis strohgelb reichen kann
Teig: Knetkäse, gekocht, elastisch oder hart, strohgelb oder goldgelb
Aussehen: flache, rechteckige Ober- und Unterseite
Dicke/Gewicht: 10–15 cm / 12–16 kg
Ursprungsgebiet: Teile der Provinzen Ragusa und Syrakus
DOP vom 01.07.1996, Verordnung Nr. 1263

Der beste Ragusano wird aus der Milch der Modicana-Kühe hergestellt, einer autochthonen Rasse, die besonders anspruchslos ist und sich perfekt an die Lebensbedingungen auf den kargen, unebenen Weiden angepasst hat, auf denen trotz der Kargheit besonders viele aromatische Kräuter wachsen.

Ricotta infornata

Der reinen oder gemischten Kuh-, Schafs- oder Ziegenmolke wird Meersalz oder gesäuerte Molke hinzugefügt, bevor man sie auf 90 °C erhitzt. Wenn die Ricotta sich an der Oberfläche abgesetzt hat, wird zunächst der Schaum abgeschöpft, bevor man sie in Siebkörbe *(fiscelle)* füllt, die auf einen schrägen Tisch gestellt werden. Nach ein bis zwei Tagen, sobald die Molke abgeflossen ist, werden die Ricotta-Käse in ein Keramik-Gefäß gelegt, das zuvor mit Butter eingefettet und eventuell mit gemahlenem schwarzen Pfeffer ausgestreut wurde; so werden die Käse etwa 30 Minuten lang bei 180 bis 200 °C in einen Steinofen gebacken. Sobald sich eine dünne rotbraune Haut gebildet hat, nimmt man die Ricotta aus dem Ofen und lässt sie einen Tag lang auf einem Teller ruhen.

Rinde: dünn, rotbraun
Teig: cremig, elfenbeinweiß
Aussehen: flache Ober- und Unterseite mit einem Durchmesser von 10–12 cm
Dicke/Gewicht: 2 cm / unterschiedlich
Ursprungsgebiet: die gesamte Insel

Schafsmilch

Vastedda della Valle del Belice

Die Milch wird bei einer Temperatur von 36 °C ungefähr 30 Minuten mit Lammlab dickgelegt. Anschließend wird der Bruch in reiskorngroße Körner zerschnitten, herausgehoben und in Siebkörbe (früher aus Binsen, heute aus Kunststoff) gefüllt, damit die Molke abfließen kann. Am nächsten Tag wird der Teig in dünne Scheiben geschnitten und mit Hilfe von Molke, die zuvor bei der Herstellung von Ricotta übrig geblieben ist, geknetet und gezogen. Schließlich füllt man den Käse in tiefe Teller *(vastedda)*, formt ihn und taucht ihn danach in ein Salzbad. Nach etwa 48 Stunden kann er verzehrt werden. Dieser Käse wird oft für die Zubereitung von Speisen wie *insalata campagnola, timballo di maccheroni* und *riamata del Belice* verwendet. Vastedda ist einer der wenigen sizilianischen Knetkäse, die ausschließlich aus Schafsvollmilch hergestellt werden.

Lab: Lamm-Labpaste
Rinde: dünne, strohfarbene Schale
Teig: Knetkäse, weich, glänzend, weiß oder strohfarben
Aussehen: flache Ober- und Unterseite mit einem Durchmesser von 8–10 cm
Dicke/Gewicht: 2 cm / bis 3 kg
Ursprungsgebiet: die Orte Gibellina, Poggioreale, Salaparuta, Salemi, Santa Ninfa, Vita, Castelvetrano, Campobello di Mazara und Calatafini in der Provinz Trapani, die Orte Santa Margherita Belice, Montevago, Menfi und Sambuca in der Provinz Agrigento sowie Contessa Entellina in der Provinz Palermo, allesamt im Valle del Belice gelegen

Toskana
(Toscana)

Die Toskana ist das Land des Pecorino, jenes Käses, der die besonderen Eigenschaften dieser Region am besten widerspiegelt. Pecorino wird in der gesamten Toskana hergestellt: von der Garfagnana bis zur Maremma, vom Valle d'Orcia bis zum Chianti, vom Casentino bis zum Apennin.

Kuh- und Schafsmilch

Caciotta Toscana

Für diese am weitesten verbreitete Käsesorte der Toskana wird die pasteurisierte Milch bei 40 °C mit Kalbslab versetzt. Nach etwa 20 Minuten schneidet man den Bruch in walnussgroße Partikel und füllt ihn zum Abtropfen in die Formen. Das Austreten der Molke wird begünstigt, indem die Formen etwa eine Stunde lang auf 40 bis 50 °C erwärmt werden. Anschließend legt man die Käselaibe für 8 bis 16 Stunden in ein Salzbad und lässt sie etwa 20 Tage in Räumen mit hoher Luftfeuchtigkeit (an die 90 Prozent) bei 8 bis 19 °C reifen, wobei sie mehrmals gewendet und gewaschen werden. Caciotta wird jung verzehrt.

Lab: flüssiges Kalbslab
Rinde: leicht angedeutete Schale mit unterschiedlichen Gelbnuancen
Teig: strohgelb, fettreich und kompakt
Aussehen: flache Ober- und Unterseite mit einem Durchmesser von 14–20 cm
Dicke/Gewicht: 5–8 cm / 0,8–1,5 kg
Ursprungsgebiet: die gesamte Toskana, insbesondere die Maremma

SCHAFSMILCH

Marzolino del Chianti

Für die Herstellung des Marzolino del Chianti wird Schafsrohmilch verwendet. Die warme Morgenmilch wird mit der Milch von der Abendmelkung vermischt, auf 30 bis 32 °C erwärmt und mit pflanzlichem Lab dickgelegt. Nach ein bis drei Stunden wird der Bruch auf Weizenkorngröße geschnitten, von der Molke getrennt, gepresst und oval geformt. Anschließend wird die Masse in spezielle Formen gefüllt, damit die Molke ablaufen kann. Später presst man sie noch einmal, um die restliche Molke zu entfernen. Danach werden die Käselaibe trocken gesalzen, in einen Stoffbeutel *(saccola)* gelegt und einige Tage lang aufgehängt, wobei sie etwa alle acht Stunden gewendet werden. Abschließend lagert man die Laibe sieben Tage in Kellern, wo sie ständig gewendet und gewaschen werden. Dann beginnt die Ausreifung, die bis zu sechs Monaten dauern kann und in deren Verlauf die Laibe mit Öl oder Ölhefe eingerieben werden.

Lab: aus wilden Artischockenblüten, als Pulver oder Aufguss
Rinde: je nach Reifung mehr oder weniger dick, gelb bis rötlich
Teig: weiß bis strohfarben
Aussehen: rundlich
Dicke/Gewicht: 9–13 cm / 0,5–1,5 kg
Ursprungsgebiet: die Gegend zwischen Florenz und Siena, also die oberen Täler der Flüsse Greve, Pesa und Arbia

Schafsmilch

Pecorino baccellone

Die – meist pasteurisierte – Milch wird bei etwa 36 °C mit Salz und Kalbslab dickgelegt. Der Bruch wird nach etwa 30 Minuten in walnussgroße Körner zerkleinert, aus der Molke gehoben und in spezielle Formen gelegt, damit die restliche Molke abfließen kann. Wünscht man eine zweite Abscheidung der Molke, so legt man die Formen zwei Stunden lang bei einer Temperatur von 30 °C in Trockenräume und presst sie leicht. Anschließend taucht man die Käselaibe 24 Stunden in ein Salzbad und lässt sie zwei bis fünf Tage in 8 °C kühlen Räumen mit 90 Prozent Luftfeuchtigkeit reifen, wobei die Laibe regelmäßig gewendet und gewaschen werden. Danach ist der Pecorino baccellone fertig.

Lab: flüssiges Kalbslab
Teig: weiß und cremig
Aussehen: flache Ober- und Unterseite mit einem Durchmesser von 15–20 cm
Dicke/Gewicht: 7–15 cm / 1–3 kg
Ursprungsgebiet: die gesamte Toskana

Pecorino della Garfagnana

Die Milch für den Pecorino della Garfagnana stammt von Massese-Schafen, die frei auf den Weiden gehalten werden. Die Milch wird auf 38 °C erwärmt, mit Kalbslab versetzt und etwa 20 Minuten lang eingedickt. Der Bruch wird in sehr feine, etwa reis- oder maiskorngroße Partikel geschnitten, die Molke abgeschieden und die Masse in Formen gefüllt. Die Formen presst man oder legt sie – die Ausnahme – in Trockenräume bzw. Holzkästen, damit die Molke vollständig abfließen kann. Die getrockneten Käselaibe salzt man trocken und lässt sie dann etwa 30 Tage lang in gut belüfteten, kühlen Räumen reifen, wobei sie häufig gewendet und gewaschen werden. Wegen der geringen Produktionsmenge wird dieser Pecorino normalerweise jung verkauft. Manchmal lässt man die Laibe aber auch etwa zwei Monate ausreifen.

Lab: flüssiges Kalbs- oder Zickleinlab
Rinde: kompakt, glatt, von unterschiedlicher Härte und von goldgelber bis brauner Farbe
Teig: kompakt, mit unterschiedlicher Lochung, von mehr oder weniger intensiver strohgelber Farbe
Aussehen: flache Ober- und Unterseite mit einem Durchmesser von 18–22 cm
Dicke/Gewicht: 7–12 cm / 1,8–3 kg
Ursprungsgebiet: das gesamte Gebiet der Garfagnana in der Provinz Lucca

Schafsmilch

Pecorino di montagna

Heute verwendet man für den Pecorino di montagna pasteurisierte Milch, der man später Milchfermente beimischen muss. Sie wird auf 32 bis 34 °C erwärmt und mit Kalbslab eingedickt. Für jungen Pecorino schneidet man den Bruch in haselnussgroße Körner; will man ihn reifen lassen, zerkleinert man ihn auf Reiskorngröße. Nun füllt man ihn in die Formen, damit die Molke abfließen kann. Das Abscheiden der Molke wird durch Lagerung in Trockenräumen bei einer Temperatur von maximal 35 °C zusätzlich begünstigt. Die Trocknungszeit beträgt zwei bis sechs Stunden. Danach werden die Laibe leicht gepresst und 12 bis 24 Stunden in ein Salzbad gelegt. Die Reifung in 8 °C kühlen Räumen mit einer Luftfeuchtigkeit von 90 Prozent dauert 20 bis 40 Tage.

Lab: flüssiges Kalbslab
Rinde: je nach Reifegrad mehr oder weniger dick; die Reifung kann auch in Asche oder Ölhefe erfolgen, wodurch die Rinde dunkelbraun bis schwärzlich wird
Teig: weiß, mehlig und weich
Aussehen: flache Ober- und Unterseite mit einem Durchmesser von 18–20 cm
Dicke/Gewicht: 8–10 cm / 1,2–2,5 kg
Ursprungsgebiet: die Hügel- und Berggebiete der südlichen und mittleren Toskana: Amiata, Pratomagno, Colline Metallifere, Mugello

SCHAFSMILCH

Pecorino di Pienza

Auch dieser traditionelle Käse wird leider immer häufiger mit pasteurisierter Milch hergestellt. Wenn die Milch eine Temperatur von etwa 30 bis 40 °C erreicht hat, wird sie mit Kalbslab versetzt und etwa 30 Minuten lang eingedickt. Anschließend wird der Bruch in haselnussgroße Körner geschnitten und in Formen gefüllt. Damit die Molke besser austreten kann, werden die Formen für zwei Stunden bei etwa 35 °C in Trockenräume gelegt. Die Salzung erfolgt entweder trocken oder im Salzbad. Den Pecorino lässt man zunächst 20 Tage lang in 10 bis 14 °C kühlen Räumen mit einer Luftfeuchtigkeit von 80 Prozent reifen. Während dieser Zeit werden die Laibe regelmäßig gewendet und gewaschen. Für die abschließende Ausreifung, die 40 Tage bis zwei Monate dauert, wird der Käse in Öl und Tomaten eingelegt.

Lab: flüssiges Kalbslab
Rinde: je nach Reifegrad mehr oder weniger dick, tiefgelb, kann aber auch rosige Nuancen annehmen, weil die Käselaibe während der Ausreifung in Öl und Tomaten eingelegt werden
Teig: weiß bis strohfarben, kompakt und elastisch
Aussehen: flache Ober- und Unterseite mit einem Durchmesser von 14–20 cm
Dicke/Gewicht: 4–8 cm / 0,8–1,8 kg
Ursprungsgebiet: der Süden der Provinz Siena, d. h. die Orte Pienza, Montepulciano, San Quirico d'Orcia, Radicofani, Castiglion d'Orcia, Torrita di Siena, Trequanda, San Giovanni d'Asso, Montalcino

Schafsmilch

Pecorino Senese

Nachdem die Milch bei 36 bis 37 °C mit Kalbslab in 20 bis 30 Minuten zur Gerinnung gebracht wurde, zerkleinert man den Bruch in haselnussgroße Körner, trennt ihn von der Molke und füllt ihn in Formen. Damit die Molke besser abläuft, werden die Formen zusätzlich in großen Kästen getrocknet: Die Trocknungszeit beträgt 30 Minuten für jungen Pecorino und einige Stunden für jenen Käse, den man später reifen lässt. Die Salzung erfolgt normalerweise durch etwa zwölfstündiges Einlegen in ein Salzbad, kann aber auch trocken vorgenommen werden. Nach einer Reifung von 20 Tagen in 8 bis 10 °C kühlen Räumen mit einer Luftfeuchtigkeit von 80 bis 90 Prozent kann der junge Pecorino verzehrt werden. Bei einer längeren Ausreifung werden die Laibe regelmäßig gewendet und in Öl, Ölhefe und Tomaten eingelegt.

Lab: flüssiges Kalbslab
Rinde: gelb, mit verschiedenen Farbnuancen
Teig: kompakt, weich, butterig, weiß bis strohgelb
Aussehen: flache Ober- und Unterseite mit einem Durchmesser von 12–18 cm
Dicke/Gewicht: 5–8 cm / 0,8–1,2 kg
Ursprungsgebiet: Siena und die angrenzenden Orte sowie der in der Provinz Siena liegende Teil der Valdelsa

Pecorino Toscano DOP

Die Bezeichnung Pecorino ist relativ neu. Noch nach dem Zweiten Weltkrieg hatte jedes Gebiet seinen eigenen Käse, dessen Name von Dorf zu Dorf unterschiedlich war, obwohl die Produktionsweisen sich sehr ähnelten. Heute wird die Schafsmilch, die aus genau festgelegten Gebieten stammt, meistens pasteurisiert, wobei einige kleinere Produzenten wieder eine neue Sensibilität entwickeln und mit Rohmilch käsen. Die Milch wird bei 35 bis 38 °C etwa 20 Minuten lang mit Kalbslab eingedickt. Soll Weichkäse hergestellt werden, schneidet man den Bruch in etwa haselnussgroße Körner, soll der Pecorino hingegen länger reifen, damit ein halbfester Käse entsteht, wird der Bruch sehr fein geschnitten und danach auf 40 bis 42 °C nachgewärmt. Zum Abscheiden der Molke füllt man den zerkleinerten Bruch in Formen, presst ihn von Hand oder trocknet ihn in 30 Minuten bis dreieinhalb Stunden in Dampf (durch dieses Verfahren sinkt der pH-Wert rapide). Die Salzung erfolgt normalerweise durch Einlegen in ein Salzbad, kann aber auch trocken vorgenommen werden. Der Weichkäse bleibt dabei mindestens acht Stunden in der Salzlake, der halbfeste Käse hingegen 12 bis 14 Stunden. In 8 bis 10 °C kühlen Räumen mit hoher Luftfeuchtigkeit (80 bis 90 Prozent) lässt man den Weichkäse mindestens 20 Tage reifen, den halbfesten mindestens vier Monate. Der Fettgehalt in der Trockenmasse beträgt mindestens 45 Prozent bei jungem und mindestens 40 Prozent bei gereiftem

Käse. Pecorino wird in der gesamten Toskana hergestellt sowie in einigen Orten Umbriens (Allerona und Castiglion del Lago) und des Latium (Acquapendente, Onano, San Lorenzo Nuovo, Grotte di Castro, Gradoli, Valentano, Farnese, Ischia di Castro, Montefiascone, Bolsena und Capodimonte).

Lab: flüssiges Kalbslab
Rinde: gelb
Teig: kompakt und elastisch
Aussehen: flache Ober- und Unterseite mit einem Durchmesser von 15–22 cm
Dicke/Gewicht: 7–11 cm / 1–3 kg
Ursprungsgebiet: die gesamte Toskana sowie einige Orte in Umbrien und im Latium
DOP vom 01.07.1996, Verordnung Nr. 1263

Die Bezeichnung Pecorino Toscano gilt für die gesamte regionale Produktion, wobei die Käse sehr unterschiedlich sind, teils aufgrund der jeweiligen lokalen Bedingungen, teils durch die verwendeten Milchsorten und Herstellungssverfahren.

SCHAFSMILCH

Raviggiolo di pecora

Die pasteurisierte Milch wird bei 36 bis 37 °C mit Salz und Kalbslab in etwa einer Stunde zur Gerinnung gebracht. Den Bruch schneidet man in große Stücke, hebt diese vorsichtig heraus, damit sie nicht zerbrechen, und legt sie in die dazu bestimmten Formen, so dass die Molke abfließen kann. Anschließend kommen die Formen für etwa eine Stunde in Trockenräume. Raviggiolo ist nach zweitägiger Reifung bei hundertprozentiger Luftfeuchtigkeit und einer Temperatur von 5 °C verzehrfertig.

Lab: flüssiges Kalbslab
Teig: weiß, mit strohgelben Nuancen
Aussehen: flache Ober- und Unterseite mit einem Durchmesser von 12–20 cm
Dicke/Gewicht: 3–6 cm / 0,5–1,2 kg
Ursprungsgebiet: die gesamte Toskana

Trentino – Südtirol
(Trentino – Alto Adige)

Auf den Almen Südtirols wurden schon immer edle Käse mit Charakter erzeugt. Besonders vortrefflich sind der seltene Vezzena und der Puzzone di Moena mit einem sehr kräftigen Aroma.

Almkäse

Beim Almkäse handelt es sich um eine der ältesten Käsesorten der Region, die – wie der Name sagt – überwiegend auf den Almen hergestellt wird. Die teilentrahmte Rohmilch wird auf 32 °C erwärmt und mit Labpulver eingedickt. Nach der Gerinnung wird der Bruch mais- oder erbsenkorngroß geschnitten und bei 38 bis 40 °C halbgekocht, was auf den Almen oft noch über einem Holzfeuer geschieht. Dann wird die Masse herausgehoben, grob geschnitten, in die Fascere gefüllt und 24 Stunden lang gepresst. Am nächsten Tag legt man die Käselaibe für 48 Stunden in ein Salzbad und lässt sie in kühlen, feuchten Räumen ausreifen. Während der dreimonatigen Reifedauer werden die Laibe täglich gewendet, abgeschabt und gebürstet.

Lab: Kalbs-Labpulver
Rinde: glatt, fest, von tiefgelber bis brauner Farbe
Teig: kompakt, mit unterschiedlicher, unregelmäßiger Lochung, elfenbeinweiß bis tief strohgelb
Aussehen: flache Ober- und Unterseite mit einem Durchmesser von 35–40 cm
Dicke/Gewicht: 8–10 cm / 7–14 kg
Ursprungsgebiet: die Gebirgsregion Südtirols, insbesondere das Venostatal

KUHMILCH

Bergkäse

Obwohl dieser Bergkäse erst seit etwa 20 Jahren produziert wird und somit relativ neu ist, orientiert sich die Herstellung an den örtlichen Traditionen unter Verwendung lokaler Rohstoffe. Die vollfette oder teilentrahmte Milch wird meist pasteurisiert, dann mit Milchfermenten und bei 32 °C auch mit Kalbs-Labpulver vermischt. Nach 30 Minuten schneidet man den Bruch in erbsengroße Körner und wärmt ihn etwa 50 Minuten lang bei 40 °C nach, schneidet ihn erneut und füllt ihn die Fascere. Am darauf folgenden Tag legt man die Laibe für zwei Tage in ein Salzbad und anschließend für drei Wochen in warme, später in kühlere, feuchtere Affinageräume, wo sie etwa zehn Wochen reifen müssen.

Lab: Kalbs-Labpulver
Rinde: kompakt, glatt, hart, hellbraun
Teig: kompakt, fest, mit unregelmäßiger, teils grober Lochung, von strohgelber Farbe
Aussehen: flache Ober- und Unterseite mit einem Durchmesser von 40 cm
Dicke/Gewicht: 10 cm / 10–12 kg
Ursprungsgebiet: das nördliche Pustertal

Ziegen- und Kuhmilch

Caprino di Cavalese

Früher wurde der Caprino di Cavalese im gesamten Fiemme-Tal erzeugt, heute wird die Ziegenmilch zur Vereinigten Käserei von Cavalese gebracht, dem einzigen verbliebenen Hersteller dieses traditionellen Ziegenkäses. Der auf 31 °C erwärmten Milch fügt man Lab bei, den Bruch schneidet man in kleine Körner und wärmt ihn bei 44 °C nach, bis er die gewünschte Konsistenz erlangt hat. In Formen gefüllt, wird die Masse dann so lange trocken gesalzen, bis der Käse kein Salz mehr aufnimmt. Die daran anschließende Ausreifung erfolgte früher in den Kellern der Bauernhöfe, deren Böden aus gestampfter Erde oder Stein bestanden, heute dagegen findet sie in speziell dazu bestimmten kühlen, feuchten Räumen statt. Die Laibe werden während der Reifung einmal pro Woche gewendet und mit Salzwasser gewaschen.

Lab: Kalbs- oder Lamm-Labpaste
Rinde: dünn, wird mit zunehmender Reifung rötlich-gelb
Teig: kompakt, mit unterschiedlicher Lochung, elfenbeinweiß
Aussehen: flache Ober- und Unterseite mit einem Durchmesser von 15–25 cm
Dicke/Gewicht: 8–10 cm / 3–4 kg
Ursprungsgebiet: die Orte Cavalese und Fiavé Pinzolo

Graukäse

Dieser traditionelle Tiroler Käse, der ohne Zusätze ausschließlich durch Milchsäuregärung erzeugt wird, verdankt seinen Namen der leicht grauen Farbe des Teiges. Die Milch wird durch Aufrahmung teilentrahmt (man lässt sie stehen und schöpft das Fett ab, das sich an der Oberfläche absetzt) und auf 25 °C erwärmt. Dann wartet man, bis sie auf natürliche Weise gerinnt, was bis zu 36 Stunden dauern kann. Der Bruch wird nun langsam gerührt und bei 40 °C leicht nachgewärmt, anschließend herausgehoben, etwa 30 Minuten lang gepresst, zerbröselt, mit Salz und Pfeffer gewürzt und in die dazu bestimmten Formen gefüllt. Die Laibe ruhen zunächst 24 Stunden bei einer Temperatur von 20 °C und müssen danach eine Woche lang in einem Keller mit hoher Luftfeuchtigkeit reifen.

Teig: körnig, weich, unregelmäßig, von gräulicher Farbe
Aussehen: unregelmäßige Oberfläche
Dicke/Gewicht: unterschiedlich / 1–1,5 kg
Ursprungsgebiet: der Osten Südtirols, insbesondere das Ahrntal

Kuhmilch

Lagundo / Bauernkäse

Für diesen Bauernkäse pasteurisiert man die teilentrahmte Milch, kühlt sie dann auf 32 °C ab und bringt sie mit Milchfermenten und Labpulver in durchschnittlich 35 Minuten zur Gerinnung. In kirschgroße Körner geschnitten, wird der Bruch 20 Minuten lang bei 42 °C halbgekocht, dann 15 Minuten stehen gelassen und anschließend für acht Stunden in die Fascere gelegt. Zuletzt kommen die Käselaibe ohne Formen für etwa zwei Tage in ein Salzbad. Während der achtwöchigen Reifung in 13 °C kühlen Räumen mit hoher Luftfeuchtigkeit (98 Prozent) werden die Laibe jede Woche gewendet und gewaschen.

Lab: Kalbs-Labpulver
Rinde: hart, glatt, dunkelbraun
Teig: elastisch, mit dichter, unregelmäßiger flacher Lochung, von strohweißer Farbe
Aussehen: flache Ober- und Unterseite mit einem Durchmesser von 35 cm
Dicke/Gewicht: 10 cm / 7 kg
Ursprungsgebiet: die Höfe von Velloi, Rio Lagundo, Rabland, Partschins, Tablà und Sonnenberg

Kuhmilch

Nostrano Fiavé

Streng genommen gehört der Nostrano Fiavé zu den Nostrani de casèl, einer Käsefamilie mit langer Tradition im Trentino. Die Löcher und der Geschmack des Fiavé erinnern allerdings an den Asiago. Die teilentrahmte Milch wird auf 32 bis 35 °C erwärmt und mit Labpulver in 30 Minuten zur Gerinnung gebracht. Der Bruch wird zu maiskorngroßen Partikeln zerkleinert, bei 44 bis 46 °C kurz nachgewärmt, in Tücher gefüllt und in die Fascere gegeben, wo er unter mehrmaligen Wenden sechs bis sieben Stunden verbleibt. Nach der Salzung – drei bis fünf Tage im Salzbad oder acht Tage lang trocken – muss der Käse in Räumen mit hoher Luftfeuchtigkeit (90 Prozent) und einer Temperatur von 12 bis 16 °C etwa vier Monate reifen, wobei er immer wieder gewendet und mit Salzwasser, manchmal auch mit Molke, befeuchtet wird.

Lab: Kalbs-Labpulver
Rinde: dünn, kompakt, tiefgelb oder hellbraun
Teig: elastisch, mit ausgedehnter Lochung, wobei die Löcher unterschiedlich groß sein können; mehr oder weniger intensiv strohfarben
Aussehen: flache Ober- und Unterseite mit einem etwas hochgezogenen Rand und einem Durchmesser von 30–35 cm
Dicke/Gewicht: 10–11 cm / 7–9 kg
Ursprungsgebiet: das gesamte Gebiet um das Lagorai-Massiv

Nostrano Val di Fassa

Die besten Nostrano-Käse werden während der Sommermonate auf den Almen erzeugt. Die Herstellung des Nostrano Val di Fassa erinnert an die des Puzzone. Die teilentrahmte Rohmilch wird auf 36 °C erwärmt und mit Labpulver in 25 bis 30 Minuten zur Gerinnung gebracht. Der auf Maiskorngröße zerkleinerte Bruch wird 20 Minuten bei 43 bis 45 °C halbgekocht, dann herausgehoben, in die Fascere gefüllt, gepresst und nach einer kurzen Ruhezeit in ein Salzbad gelegt. Die daran anschließende Affinage gilt als die schwierigste Phase, denn jetzt erhält der Käse seine organoleptischen Eigenschaften. Der Nostrano reift in 40 Tagen, doch wird die Affinage normalerweise auf fünf bis sechs Monate verlängert. Die Käselaibe kommen zu diesem Zweck in einen Raum mit hoher Luftfeuchtigkeit und werden mehrmals pro Woche mit lauwarmem Salzwasser gewaschen. Der Nostrano eignet sich hervorragend zur Verfeinerung der lokalen Polenta-Gerichte.

Lab: Kalbs-Labpulver
Rinde: glatt, feucht, mit einem leicht öligen Belag, ziegelfarben
Teig: kompakt, elastisch, mit einer leichten Lochung, weiß oder strohweiß
Aussehen: flache Ober- und Unterseite mit einem Durchmesser von 35 cm
Dicke/Gewicht: 8–10 cm / 9–10 kg
Ursprungsgebiet: das Fassatal und die Conca del Primiero

Kuhmilch

Puzzone di Moena

Der Puzzone wird mit Rohmilch aus zwei Melkungen hergestellt, dabei wird die Milch aus einer der Melkungen teilentrahmt. Auf 36 °C erwärmt, bringt man sie mit Labpulver in 25 bis 30 Minuten zur Gerinnung, dann schneidet man den Bruch maiskorngroß und kocht ihn 20 Minuten bei 43 bis 46 °C halb. Sobald die Molke abgeflossen ist, hebt man die trockene Masse in einem Tuch heraus, füllt sie in die Fascere und presst sie fünf bis sechs Minuten. Anschließend wendet man die Laibe, wechselt die Tücher und legt die Käse für sieben Stunden in die Formen. Nach weiteren 24 Stunden kommen die Laibe für zweieinhalb Tage in ein Salzbad und dürfen schließlich in 13 bis 14 °C kühlen Räumen mit hoher Luftfeuchtigkeit mindestens drei Monate reifen. In dieser Zeit werden sie ein- bis zweimal pro Woche mit lauwarmem Salzwasser gewaschen, was dem Puzzone seine besonderen organoleptischen Eigenschaften verleiht.

Lab: Kalbs-Labpulver
Rinde: dünn, weich, feucht, mit einem leicht öligen Belag, hellbraun bis rötlich
Teig: weich, mit einer leichten, unregelmäßigen Lochung, von strohweißer Farbe
Aussehen: flache Ober- und Unterseite mit einem Durchmesser von 36 cm
Dicke/Gewicht: 10 cm / 9 kg
Ursprungsgebiet: die Orte Moena und Campitello di Fassa

Spressa

Der Name leitet sich von dem Wort *spress* her, das die geronnene, gepresste Milch bezeichnet. Da die Käser in früheren Zeiten mehr Interesse an der Butter- als an der Käseerzeugung hatten, entrahmten sie die Milch mehrere Male, wodurch dieser Käse besonders fettarm wurde. Heute wird Spressa – wie viele andere Nostrano-Bergkäse auch – aus teilentrahmter Milch hergestellt, die auf 36 °C erwärmt und mittels Labpulver in 25 bis 30 Minuten zur Gerinnung gebracht wird. Der haselnussgroß geschnittene Bruch wird 30 Minuten bei 40 °C halbgekocht sowie weitere 40 Minuten in der Molke stehen gelassen. Danach füllt man die Masse in die Fascere und legt sie vier Tage lang in ein Salzbad. Die Reifung erfolgt in 8 °C kühlen, leicht feuchten Räumen unter täglichem Wenden und Bürsten.

Lab: Kalbs-Labpulver
Rinde: hart, kompakt, ziemlich unregelmäßig, je nach Reifegrad braun bis dunkelbraun
Teig: kompakt, elastisch, mit einer leichten Lochung unter der Rinde, strohfarben
Aussehen: flache Ober- und Unterseite mit einem Durchmesser von 35 cm
Dicke/Gewicht: 8–9 cm / 6–8 kg
Ursprungsgebiet: das Gebiet von Giudicarie und das Rendenatal

Tosela

Der Name Tosela leitet sich von dem Wort *tosare* her, das jenen Vorgang bezeichnet, bei dem der Teig vor dem Einfüllen in die Form glatt gestrichen wird. Die auf 37 bis 39 °C erwärmte, frisch gemolkene Milch wird mittels Labpulver 15 bis 20 Minuten lang dickgelegt. Den Bruch schneidet man in große Scheiben, lässt diese trocknen, dann weitere fünf bis zehn Minuten ruhen und legt sie in die – meist rechteckigen – Formen. Es erfolgt weder Salzung noch Reifung: Der Tosela wird sehr frisch verzehrt; in seiner Heimat brät man ihn auch gerne in Scheiben geschnitten mit Butter und Salz in der Pfanne.

Lab: Kalbs-Labpulver
Teig: weich, elastisch, sehr feucht, milchweiß
Aussehen: unterschiedlich, Ober- und Unterseite sind meist flach
Dicke/Gewicht: unterschiedlich
Ursprungsgebiet: das Primierotal, das südliche Suganatal, das Tesinotal, die Asiago-Hochebene und das Lagorai-Massiv

KUHMILCH

Trentingrana

Der Trentingrana ist *der* Grana-Käse aus dem Trentino. Zwar unterliegt er dem Aufsichtsverband der Grana-Käse, aber gemäß Präsidialerlass von 1987 darf auf der Rinde der Schriftzug «Trentino» eingeprägt werden. Dies ist die Garantie für die regionale Erzeugung, wobei die Herstellungsmethode die gleiche wie beim Grana Padano ist. Die Milch von der Abendmelkung bleibt über Nacht stehen, damit das Fett sich an der Oberfläche absetzt. Am nächsten Morgen schöpft man es ab, mischt die Milch von der Morgenmelkung bei und erhitzt sie auf 31 bis 33 °C. Nach der Beimpfung mit Molkekulturen und der Gerinnung mittels Kalbs-Labpulver schneidet man die Masse in reiskorngroße Partikel und wärmt sie bei 53 bis 55 °C nach. Sobald der Teig elastisch ist und die erforderliche Säure aufweist, wird er halbiert, in die Formen gefüllt und gesalzen. Diese Vorgänge dauern im Schnitt an die 26 bis 28 Tage. Zuletzt muss der Grana mindestens ein Jahr in Räumen mit einer Temperatur von 18 bis 20 °C und einer Luftfeuchtigkeit von 85 Prozent reifen.

Lab: Kalbs-Labpulver
Rinde: hart, fest, glatt, glänzend, gelbbraun
Teig: brüchig, körnig, wird mit der Reifung granitartig, hat eine ganz leichte Lochung und ist strohfarben
Aussehen: flache Ober- und Unterseite mit einem Durchmesser von 35–40 cm
Dicke/Gewicht: 8–25 cm / 35–40 kg
Ursprungsgebiet: die gesamte Provinz Trient

Vezzena

Der Vezzena, einer der ältesten Käse des Trentino, genoss so hohes Ansehen, dass er auf der Tafel von Kaiser Franz-Joseph niemals fehlen durfte. Sowohl als Tafelkäse wie auch als Reibkäse in Suppen- und Nudelgerichten mundet er hervorragend. Man erwärmt zwei Teile Vollmilch mit einem Teil teilentrahmter Milch (wobei die Teilentrahmung durch Aufrahmung erfolgt) auf 34 bis 35 °C, beimpft sie mit Molkekulturen und mischt Labpulver unter. Nach 15 bis 20 Minuten Gerinnung schneidet man den Bruch reiskorngroß, wärmt ihn zehn Minuten lang bei 45 °C nach und füllt ihn in die Fascere. Auf eine drei- bis viertägige Ruhezeit folgt eine zwölftägige Trockensalzung. Zur Reifung kommen die Laibe für mindestens 90 Tage in 17 °C kühle Räume mit einer Luftfeuchtigkeit von 80 Prozent, wo sie häufig gewendet, mindestens einmal pro Woche mit Kokosöl eingerieben und oft gebürstet werden. Die durchschnittliche Ausreifung dauert mindestens sechs Monate.

Lab: Kalbs-Labpulver
Rinde: dünn und elastisch, von strohgelber bis brauner Farbe
Teig: kompakt, fest, von strohgelber Farbe, wird mit der Reifung körnig und reibfähig
Aussehen: flache Ober- und Unterseite mit einem Durchmesser von 35–40 cm
Dicke/Gewicht: 8–10 cm / 8–12 kg
Ursprungsgebiet: die Hochebene von Vezzena, Lavarone und Fogaria

KUHMILCH

Ziger (Zigercäse)

Der Name dieses sehr alten Käses geht entweder auf das keltische Wort *tsigros* (= Käse) oder – wahrscheinlicher – auf das deutsche Wort «Ziege» zurück. Wurde er in der Bergregion früher vielerorts erzeugt, wird er heute nur noch wenig produziert, auch wenn einige Käsereien eine industrielle Version herstellen. Die durch Aufrahmung teilentrahmte Milch wird auf 30 °C erwärmt und mit bei der Butterherstellung übrig gebliebener Buttermilch vermischt. Nach etwa 48 Stunden ist die saure Gerinnung abgeschlossen. In einigen Käsereien wird der Bruch nun in walnussgroße Körner zerschnitten, in anderen dagegen direkt in Stoffbeutel gefüllt, damit die Molke abtropfen kann. Am nächsten Tag mischt man Schnittlauch, Salz und Pfeffer unter, knetet die Masse, formt sie von Hand und verzehrt den Ziger entweder frisch oder lässt ihn noch sechs bis acht Wochen reifen.

Lab: Buttermilch, die bei der Butterherstellung übrig bleibt
Rinde: die gesamte Oberfläche ist von einem rosaroten Belag bedeckt
Teig: weich, schmutzig weiß bis gelblich, eventuell auch grau
Aussehen: unterschiedlich
Dicke/Gewicht: unterschiedlich / 0,3–1 kg
Ursprungsgebiet: das Pustertal sowie das südliche Eisacktal bis zu den Dolomiten um Belluno

Umbrien
(Umbria)

Obwohl der Reichtum der Landschaft es erwarten ließe, wird im grünen Herzen Italiens nicht annähernd so viel Käse erzeugt wie Wein und Öl. Unter den vielen Pecorino-Sorten gilt der Pecorino di montagna (Berg-Pecorino) als der edelste.

Schafsmilch

Pecorino di Norcia

Die pasteurisierte und mit thermophilen Milchfermenten gemischte Milch wird auf 40 °C erhitzt und mit Lab eingedickt. Nach 20 Minuten wird der Bruch auf Weizenkorngröße geschnitten und zum Abscheiden der Molke in Formen gefüllt. Anschließend trocknet man die Laibe für drei Stunden in Kästen und taucht dann den Käse weitere 48 Stunden in ein Salzbad. Nun lässt man den Pecorino 30 Tage in Räumen mit hoher Luftfeuchtigkeit (80 bis 90 Prozent) reifen. Während der darauf folgenden Ausreifung, die bis zu sechs Monaten dauert, werden die Laibe regelmäßig mit Öl eingerieben.

Lab: Lamm- oder Zicklein-Labpaste
Rinde: mehr oder weniger dicke Schale je nach Reifegrad
Teig: weiß bis strohgelb
Aussehen: flache Ober- und Unterseite mit einem Durchmesser von 15–25 cm
Dicke/Gewicht: 8–14 cm / 3–5 kg
Ursprungsgebiet: das nördliche Nerinatal, mit den Orten Norcia, Cascia, Preci, Monteleone di Spoleto und Poggiodomo

Venetien
(Veneto)

Venetien ist eine ausgesprochene Käseregion, die Spezialitäten wie den Morlacco, den Formaggio Embriago, den Schiz und den Cansiglio hervorgebracht hat. Alle charakteristischen Merkmale der landestypischen Käse findet man in zwei venezischen DOP-Käsen wieder: im Asiago und im Monte Veronese.

Kuhmilch

Asiago d'allevo DOP

Der Asiago d'allevo – Namensgeber ist die Hochebene von Asiago – wird sowohl in Sennereien auf den Almen als auch in Molkereien hergestellt und einer besonders sorgfältigen Ausreifung unterzogen, gleichsam «gezüchtet» (*allevare* = züchten). Die Rohmilch von schwarzbunten und braunen Bergkühen lässt man zur Aufrahmung sechs bis zwölf Stunden stehen, oder man verwendet die Milch aus zwei Melkungen, von denen nur die erste entrahmt wird. Auf 35 °C erwärmt, wird die Milch 20 bis 30 Minuten dickgelegt. Den Bruch schneidet man sehr fein, wärmt ihn einmal bei 40 °C, dann bei 47 °C nach, füllt ihn zuerst in Holzformen ohne Böden und dann in Kunststoffformen, die dazu dienen, das Herkunftszeichen auf den Käse zu prägen. Auf das Pressen folgt die Salzung – trocken oder in Salzlake – und anschließend die Reifung, die in besonderen Räumen bei geregelter Temperatur stattfindet. Je nach Reifegrad unterscheidet man zwischen Asiago *mezzano* (mindestens drei Monate gereift) oder *vecchio* (über neun Monate gereift). Die Rinde ist dünn und elastisch und wird mit der Zeit bräunlich. Beim *mezzano* ist der Teig strohgelb, halbfest oder kompakt, mit verstreuten kleinen bis mittelgroßen Löchern. Beim *vecchio* und *stravecchio* (den man auch als Reibkäse verwenden kann) ist er hart und körnig, sein anfangs milder Geschmack wird im Laufe der Monate würzig und vollmundig. Der in der Provinz Trient, insbesondere auf den Hochebenen von Vezzena, Lavarone und Folgaria erzeugte Asiago d'allevo *vecchio* und *stravecchio* wird auch Vezzena genannt. Da im Mittelalter in dieser Region nur Schafskäse hergestellt wurde, nennen die alten Bergbewohner den Asiago im Dialekt *pegorin* (= Schafskäse).

Lab: Kalbslab in flüssiger Form oder als Pulver
Rinde: dünn und elastisch, wird mit der Reifung bräunlich
Teig: strohfarben, mit verstreuten kleinen bis mittelgroßen Löchern, halbfest, kompakt beim Asiago *mezzano;* hart und körnig beim Asiago *vecchio* und *stravecchio*
Aussehen: flache oder nahezu flache Ober- und Unterseite mit einem Durchmesser von 30–36 cm
Dicke/Gewicht: 9–12 cm / 8–12 kg
Ursprungsgebiet: die Provinzen Vicenza und Trient, die hügelige Gegend westlich des Flusses Piave in der Provinz Treviso sowie einige Orte in der Provinz Padua
DOP vom 12.06.1996, Verordnung Nr. 1107

Von den zwei Asiago-Sorten, die im Handel sind, eignet sich der Asiago d'allevo sehr gut für die Ausreifung. Der Teig nimmt dabei ein granitartiges Aussehen (wie auf dem Bild zu sehen) und einen sehr würzigen Geschmack an.

KUHMILCH

Asiago pressato

Anders als der Asiago d'allevo wird dieser Käse im Flachland, meist in großen Käsereien, erzeugt. Man verwendet pasteurisierte Milch, salzt den aus dem Kessel herausgenommenen Bruch zunächst trocken und legt ihn später, nach der Pressung, noch in ein Salzbad. Die Milch wird bei 36 °C mit Milch- bzw. Molkekulturen beimpft und mit flüssigem Lab eingedickt. Nach dem Zerkleinern wird der Bruch bei 46 bis 48 °C nachgewärmt, von der Molke getrennt, auf gelochten Platten gepresst, in Stücke geschnitten und in die Formen gefüllt, in denen er ein weiteres Mal gepresst wird. Der Asiago pressato zeichnet sich durch einen feinen, milden Milchgeschmack aus. Genauso wie der Asiago d'allevo ist auch der Asiago pressato ein Käse mit geschützter Ursprungsbezeichnung.

Lab: flüssiges Kalbslab
Rinde: dünn und elastisch
Teig: weiß oder leicht strohfarben, mit einer ausgeprägten, unregelmäßigen Lochung
Aussehen: flache oder nahezu flache Ober- und Unterseite mit einem Durchmesser von 30–40 cm
Dicke/Gewicht: 11–15 cm / 11–15 kg
Ursprungsgebiet: die Provinzen Vicenza und Trient, die hügelige Gegend westlich des Flusses Piave in der Provinz Treviso sowie einige Orte in der Provinz Padua

Cansiglio

Die Herstellung dieses Käses geht auf eine sehr alte Tradition zurück und erfolgt das ganze Jahr über auf der Hochebene von Cansiglio. Man verwendet nur die Rohmilch brauner Bergkühe, die sich von frischem Gras oder Trockenfutter ernähren; beides stammt von den einheimischen Weiden in über 1000 Meter Höhe. Die auf 38 bis 40 °C erhitzte Milch gerinnt schon innerhalb von zehn Minuten. Der reiskorngroß geschnittene Bruch wird dann zehn Minuten bei 45 °C nachgewärmt, in die Fascere gefüllt, einige Stunden gepresst und in ein Salzbad gelegt. Nachdem er einen Monat in sehr feuchten, etwa 10 °C kühlen Räumen gereift ist, kann der Cansiglio verzehrt werden. Die Käselaibe werden während der Reifung regelmäßig gewendet und – falls notwendig – abgeschabt. Reifen sie länger als sechs Monate, werden sie mit Leinöl eingerieben. Der milde Geschmack des Cansiglio wird bei längerer Reifung würziger und intensiver.

Lab: flüssiges Kalbslab
Rinde: dünn, weich und hell
Teig: kompakt, mit kleiner, spärlicher Lochung, strohfarben
Aussehen: flache Ober- und Unterseite mit einem Durchmesser von 30–35 cm
Dicke/Gewicht: 7 cm / 6–7 kg
Ursprungsgebiet: die Hochebene von Cansiglio in der Provinz Belluno

Carnia

Carnia, in der Region Padola ein Käse mit langer Tradition, wird aus Milch von braunen Bergkühen hergestellt, die heute teilweise pasteurisiert wird, so dass man sie mit Milchkulturen beimpfen muss, um die Gerinnung zu begünstigen. Nach etwa 30 Minuten zerkleinert man den Bruch auf Reiskorngröße, wärmt ihn etwa zehn Minuten lang bei 42 bis 43 °C nach und füllt ihn dann in die Fascere, in denen er 48 Stunden verbleibt, bis die Molke abgeflossen ist. Nach einem Bad in Salzlake erfolgt die Reifung in Räumen mit einer Temperatur von 12 °C und einer Luftfeuchtigkeit von etwa 60 Prozent. In dieser Zeit werden die Käselaibe jede Woche gewendet und alle zwei Wochen abgeschabt. Jung schmeckt dieser Käse mild und fein, wird aber mit der Zeit würzig.

Lab: Kalbs-Labpulver
Rinde: fest und gelblich
Teig: runde, dichte Lochung, strohfarben
Aussehen: flache Ober- und Unterseite mit einem Durchmesser von 30 cm
Dicke/Gewicht: 8 cm / 6–6,5 kg
Ursprungsgebiet: Padola im Ort Comelico Superiore (Provinz Belluno)

Casalina

Casalina, ein für Treviso typischer Käse, verdankt seine Entstehung der Notwendigkeit, sauer gewordene Milch weiter zu verwerten. Heute werden Casalina (oder Casalino) aus pasteurisierter Milch hergestellt, die mit Milchkulturen beimpft und mit flüssigem Lab vermischt wird, wodurch sie innerhalb von wenigen Minuten gerinnt. Den Bruch schneidet man haselnussgroß, trennt ihn von der Molke, wärmt ihn bei 45 °C nach, füllt ihn in die Fascere und salzt ihn trocken. Nach zwei Tagen ist der Käse verzehrfertig, er kann aber auch in feuchten, kühlen Räumen bis zu einigen Monaten reifen. Als junger Käse besitzt er keine Rinde. Der Teig ist weiß, kompakt und recht weich, wird aber mit zunehmender Reifung brüchig. Im Geschmack dominiert eine säuerliche Note.

Lab: flüssiges Kalbslab
Teig: weiß, kompakt und weich, wird mit der Reifung brüchig
Aussehen: flache Ober- und Unterseite mit einem Durchmesser von 15 cm
Dicke/Gewicht: 6 cm / 1 kg
Ursprungsgebiet: die Provinz Treviso

Casatella Trevigiana

Der Name Casatella geht auf das lateinische *caseus* (=Käse) zurück und nicht, wie man annehmen könnte, auf das italienische *casa* (= Haus), auch wenn es sich bei diesem Käse um ein früher typisches hausgemachtes Erzeugnis handelt. Die – üblicherweise pasteurisierte – Vollmilch wird 15 bis 20 Minuten bei etwa 40 °C eingedickt, der grob geschnittene Bruch kommt für etwa einen Tag in die Fascere und danach in ein Salzbad. Am zweiten Tag kann der Käse bereits verzehrt werden, entwickelt aber erst nach einer kurzen Reifung von sieben Tagen einen intensiveren Duft. Die sehr cremige Casatella mit milchweißem Teig ohne Rinde ist im Geschmack mild mit einer charakteristischen säuerlichen Note, die sie von allen anderen ähnlichen Käsen unterscheidet.

Lab: flüssiges Kalbslab
Teig: milchweiß, sehr cremig
Aussehen: flache oder leicht konvexe Ober- und Unterseite mit einem Durchmesser von 8–22 cm
Dicke/Gewicht: 4–6 cm / 0,4–2,2 kg
Ursprungsgebiet: die Provinz Treviso sowie einige Orte in der Gegend von Pordenone und in der friaulischen Ebene

Kuhmilch

Comelico

Die rohe Vollmilch von braunen Bergkühen wird bei 35 bis 36 °C etwa 30 Minuten lang dickgelegt. Den Bruch schneidet man zunächst in walnussgroße, dann in reiskorngroße Partikel. Anschließend kocht man die Masse zehn Minuten bei 45 °C, presst sie fünf bis sechs Minuten, füllt sie in die Fascere und lässt sie dann einen Tag lang in einem kalten Raum ruhen. Für die Salzung werden die Laibe zwei Tage in ein Salzbad gelegt, anschließend wird jede Seite zwölf Stunden lang trocken gesalzen. Während der Reifung über 60 Tage werden die Laibe jeden zweiten Tag abgeschabt und gewendet. Der Geschmack des Comelico ist vergleichsweise mild.

Lab: flüssiges Kalbslab
Rinde: weich, hellbraun
Teig: von heller strohgelber Farbe, mit einer mitteldichten, regelmäßigen Lochung
Aussehen: flache Ober- und Unterseite mit einem Durchmesser von 30 cm
Dicke/Gewicht: 8 cm / 5 kg
Ursprungsgebiet: der Ort Santo Stefano in Cadore in der Provinz Belluno

KUHMILCH

Fodom

Der Fodom wurde erst vor etwa 15 Jahren erfunden und nach der Gegend benannt, aus der er stammt. Nachdem die teilentrahmte Milch von braunen Bergkühen bei 36 bis 37 °C für 30 Minuten eingedickt wurde, schneidet man den Bruch etwa maiskorngroß und wärmt ihn 30 Minuten bei 45 bis 46 °C nach. Nach der Abscheidung der Molke füllt man den Teig in die Fascere und presst ihn zweimal: zuerst zehn Minuten, dann eine Stunde. Die Salzung erfolgt zwei Tage lang im Salzbad. Während der zweimonatigen Reifung werden die Laibe jeden zweiten Tag gewendet und zweimal abgeschabt. Der Fodom zeichnet sich durch einen recht milden Geschmack aus.

Lab: flüssiges Kalbslab
Rinde: hart und trocken, von gelber Farbe
Teig: der Teig weist eine dichte Lochung auf, mit mittelgroßen bis großen Löchern, und ist je nach Reifegrad hellstrohgelb bis braun
Aussehen: flache Ober- und Unterseite mit einem Durchmesser von 30 cm
Dicke/Gewicht: 8–10 cm / 5 kg
Ursprungsgebiet: der Ort Livinallongo in der Provinz Belluno

Formaio embriago/ubriaco

Dieser Käse mit sehr alter Tradition stammt aus einer Zeit, in der es für die Bauern zu kostspielig war, die Rinde mit Öl zu behandeln, weshalb sie auf Trester und Most zurückgriffen. Dies geschah natürlich in den Monaten um die Weinlese, also von Ende September bis Anfang November. Die Milch wird bei 33 bis 35 °C etwa 30 Minuten lang dickgelegt, der Bruch in reiskorngroße Partikel geschnitten und 15 Minuten bei 45 bis 48 °C nachgewärmt. Dann lässt man die Molke abfließen und füllt die Masse in die Fascere. Die Salzung kann entweder nur trocken oder sowohl trocken als auch im Salzbad erfolgen. Nach 20 Tagen werden die Käselaibe in frischen Trester aus blauen Trauben der Rebsorten Raboso, Cabernet und Merlot gelegt, worin sie etwa zwei Tage verbleiben und ständig mit gekeltertem Wein begossen werden. Danach kann der Formaio bereits verzehrt werden oder aber noch weitere ein bis zwei Monate reifen. Sein Geschmack ist würzig, pikant, anregend und apart. Auch die Käse Montasio, Asiago d'allevo und Latteria werden gelegentlich «betrunken» gemacht (*ubriaco* = betrunken).

Lab: Kalbs-Labpulver
Rinde: ziemlich fest, violett oder tresterfarben
Teig: von weißer bis strohgelber Farbe, kompakt, duftet nach Milch und Wein
Aussehen: flache Ober- und Unterseite mit einem Durchmesser von 25–28 cm
Dicke/Gewicht: 8 cm / 5 kg
Ursprungsgebiet: die Provinz Treviso und das linke Ufer des Flusses Piave

Monte Veronese d'allevo DOP

Der fettarme Monte Veronese d'allevo – bis zum Ende des 19. Jahrhunderts Monte Vernengo oder Grasso Monte genannt – ist eines der ältesten landestypischen Erzeugnisse der Hirten und wurde bis vor nicht allzu langer Zeit ausschließlich in den Almsennereien der Monti Lessini hergestellt. Das Verfahren ist bis heute unverändert geblieben: Die Milch von schwarzbunten Kühen wird durch Abschöpfen des Fettes an der Oberfläche teilentrahmt, auf 33 bis 34 °C erwärmt und etwa 20 Minuten lang eingedickt. Den Bruch schneidet man auf Reiskorngröße, kocht ihn 10 bis 15 Minuten bei 50 °C, füllt ihn in die Fascere und salzt ihn entweder trocken oder im Salzbad. Die Reifung dauert nun mindestens 90 Tage für Tafelkäse und sechs Monate bis zu zwei Jahren für Reibkäse oder für einen intensiv duftenden, leicht pikanten Tafelkäse. Während der Reifung werden die Käselaibe regelmäßig gewendet. Die Rinde ist hart, trocken und recht dunkel, der Teig kompakt, beim Winterkäse weiß, beim Sommerkäse strohgelb. Die Löcher sind unregelmäßig verteilt, der Geschmack ist vollmundig, mild und wird mit zunehmender Reifung leicht würzig. Der Monte Veronese d'allevo wird noch immer vor allem in almnahen Käsereien erzeugt.

Lab: Kalbslab in flüssiger Form oder als Pulver
Rinde: hart und trocken, ziemlich dunkel
Teig: beim Winterkäse kompakt und weiß, beim Sommerkäse strohgelb; die Lochung ist bei Vollmilchkäse weniger ausgeprägt

Aussehen: flache oder leicht konvexe Ober- und Unterseite mit einem Durchmesser von 25–35 cm
Dicke/Gewicht: 6–10 cm / 6–9 kg
Ursprungsgebiet: die Monti Lessini in der Provinz Verona
DOP vom 01.07.1996, Verordnung Nr. 1263

Auf der Abbildung sind drei Käse mit unterschiedlich langer Reifezeit zu sehen: Die Farbe der Rinde reicht von strohgrün über goldgelb bis zu hellbraun.

KUHMILCH

Monte Veronese DOP

Dieser Monte Veronese ist ein relativ neuer Vollfettkäse, der zusammen mit dem Monte Veronese d'allevo die DOP-Bezeichnung tragen darf. Die Rohmilch von schwarzbunten Kühen wird auf 33 bis 34 °C erwärmt und dann etwa 20 Minuten lang eingedickt. Den walnussgroß geschnittenen Bruch kocht man nun 10 bis 15 Minuten bei 43 bis 46 °C, füllt ihn in die Fascere und salzt ihn entweder trocken oder im Salzbad. Die Laibe reifen in 30 Tagen unter regelmäßigem Wenden. Der Geschmack ist angenehm mild.

Lab: Kalbs-Labpulver
Rinde: dünn und elastisch, mehr oder weniger intensiv strohfarben
Teig: der Sommerkäse ist elfenbeinweiß oder leicht strohfarben und hat kleine, regelmäßig verteilte Löcher
Aussehen: flache oder leicht konvexe Ober- und Unterseite mit einem Durchmesser von 25–35 cm
Dicke/Gewicht: 7–11 cm / 7–10 kg
Ursprungsgebiet: die Monti Lessini in der Provinz Verona

Morlacco

Der Name Morlacco erinnert an die Morlacchia (eine Bergregion in Istrien und Dalmatien), deren Bewohner sich einst auf dem Grappa-Massiv niederließen. Für die Herstellung des Morlacco nimmt man vollfette oder teilentrahmte Milch. Wird auf den Almen gekäst, ist die verwendete Milch roh, sonst pasteurisiert. Sie wird auf 37 °C erwärmt und in 30 Minuten zur Gerinnung gebracht. Den Bruch schneidet man in Körner von der Größe einer ganzen oder halben Walnuss, kocht ihn entweder bei 39 °C oder bearbeitet ihn in mehreren Schritten, zwischen denen man einige Pausen einlegt. Nach einer angemessenen Ruhezeit füllt man die Masse in Kunststoffgefäße (früher in Binsenkörbe). Die Salzung erfolgt entweder trocken oder durch Eintauchen in ein Salzbad, in beiden Fällen dauert sie einige Tage und wird mehrmals wiederholt. Die Laibe reifen in etwa 15 Tagen, können aber durchaus bis zu zwei Monaten ausreifen, wobei sie regelmäßig mit Salzwasser gewaschen werden. Der Morlacco ist recht salzig.

Lab: Kalbslab in flüssiger Form oder als Pulver
Rinde: fast nicht vorhanden, mit Rillen, weich, weiß oder strohgelb
Teig: weiß, weich, mit kleinen Löchern, die sehr ausgeprägt sind, wenn man Rohmilch verwendet
Aussehen: flache Ober- und Unterseite mit einem Durchmesser von 25–30 cm
Dicke/Gewicht: 8–10 cm / 6–7 kg
Ursprungsgebiet: das Gebiet am Fuße der Grappa-Bergkette sowie das Grappa-Massiv

KUHMILCH

Nostrano di malga

Der Nostrano di malga geht auf eine alte Tradition zurück. Früher war er freilich magerer und reifte länger, heute wird er von Juni bis September hergestellt. Die Milch stammt von braunen Bergkühen, die sich von frischem Gras ernähren. Die Rohmilch wird durch Aufrahmung entrahmt, in der Regel aber mit einem kleinen Anteil an Vollmilch vermischt, damit der Käse nicht zu trocken gerät, dann auf 32 bis 40 °C erwärmt und 30 bis 50 Minuten dickgelegt. Den Bruch schneidet man maiskorngroß, wärmt ihn bei 42 bis 46 °C nach, füllt ihn in die Formen und presst ihn einen Tag lang. Die Salzung wird entweder trocken oder im Salzbad vorgenommen. Die Laibe reifen in etwa 30 Tagen, werden regelmäßig gewendet und mit Salzwasser gewaschen. Der Geschmack ist mild, intensiv und wird nach vier Monaten pikant.

Lab: Kalbslab in flüssiger Form oder als Pulver
Rinde: hart, glatt, gelb-rosig oder, bei gereiften Laiben, braun
Teig: kompakt, mit kleinen, regelmäßigen, ziemlich dichten Löchern, von weißer bis gelber Farbe
Aussehen: flache Ober- und Unterseite mit einem Durchmesser von 20–30 cm
Dicke/Gewicht: 7–12 cm / 2–7 kg
Ursprungsgebiet: die bergige Gegend der Provinz Belluno sowie die angrenzenden Gebiete

Schafsmilch

Pecorino Veneto

Der Pecorino Veneto stammt aus einer Zeit, als die Schafszucht weit verbreitet war; heute wird er nur noch in geringen Mengen produziert. Die Schafsmilch – meist von Massese-Schafen – lässt man bei 37 °C etwa 20 Minuten lang mittels Kalbslab gerinnen. Der auf Maiskorngröße geschnittene Bruch wird für einen lange haltbaren Hartkäse noch nachgewärmt, ansonsten füllt man ihn sofort in die Formen. In diesem Fall hat der Käse einen weichen Teig und wird jung verzehrt. Zusätzlich werden die Laibe einige Stunden lang bei 36 bis 38 °C getrocknet. Der Geschmack ist mild, ausgeprägt, aber nicht pikant.

Lab: Kalbslab in flüssiger Form oder als Pulver
Rinde: dünn und ziemlich hart, strohfarben
Teig: kompakt, weiß bis strohfarben
Aussehen: flache Ober- und Unterseite mit einem Durchmesser von 22 cm
Dicke/Gewicht: 8 cm / 2–2,5 kg
Ursprungsgebiet: die Provinzen Padua und Mantua sowie der Ort Pegolotte in der Provinz Venedig

Renaz

Der Renaz, benannt nach der Gegend, in der er erzeugt wird, wurde vor etwa 15 Jahren erfunden. Die teils rohe, teils teilentrahmte Milch lässt man bei 36 °C etwa 20 Minuten lang gerinnen. Den Bruch schneidet man in Partikel von der Größe eines halben Maiskorns, wärmt ihn bei 46 °C nach, füllt ihn in die Formen und presst ihn zweimal: zuerst zehn Minuten, dann etwa eine Stunde. Anschließend kommen die Laibe für zwei Tage in ein Salzbad. Während der dreimonatigen Reifung werden die Laibe gewendet, abgeschabt und mit Leinöl eingerieben. Der Renaz hat einen recht pikanten Geschmack.

Lab: Kalbs-Labpulver
Rinde: gelb und hart
Teig: strohgelb, mit mittelgroßen, verteilten Löchern
Aussehen: flache Ober- und Unterseite mit einem Durchmesser von 40 cm
Dicke/Gewicht: 8 cm / 5,5 kg
Ursprungsgebiet: der Ort Livinallongo in der Provinz Belluno

Ricotta affumicata

Der Molke von der Milch brauner Bergkühe fügt man Salz und Essig hinzu, ehe man sie auf 90 bis 100 °C erhitzt. Sobald sich der Bruch an der Oberfläche absetzt, wird er abgeschöpft und in Stoffbeutel gefüllt, die einige Stunden lang aufgehängt werden, damit die Molke abtropfen kann. Anschließend wird die Masse gepresst und trocken gesalzen. Die Ricotta reift innerhalb einer Woche und wird währenddessen mit dem Holz grüner Koniferen geräuchert (*affumicata* = geräuchert). Sie hat natürlich keine Rinde. Wenn die Ricotta mindestens einen Monat lang gereift ist, wird der Teig hart und kann gerieben werden. Recht bekannt ist die Ricotta affumicata del Cansiglio aus den Sennereien auf der Hochebene von Cansiglio. Für die Gerinnung wird meist Zitronensäure, für das Räuchern in der Regel Buchenholz genommen. Nach einer Woche ist die Ricotta affumicata verzehrfertig.

Lab: Essig oder Zitronensäure
Teig: weich, von brauner Farbe, mit dem typischen geräucherten Geschmack
Gewicht: etwa 1 kg
Ursprungsgebiet: die Gegend um Agordo, die Gegend um Sappada in der Provinz Belluno, die Ebene von Cansiglio und die Almsennereien im Allgemeinen

KUHMILCH

Schiz

Der Name Schiz stammt von dem Wort *schizzare* (= spritzen). Schneidet man nämlich diesen Käse, wenn er sehr jung ist, in Scheiben und brät ihn mit Butter und Salz in der Pfanne, spritzen kleine Molketropfen in alle Richtungen. In der Region Alpago wird er auch Tosella genannt. Die sehr frische Rohmilch erwärmt man auf 35 bis 36 °C und lässt sie 20 bis 40 Minuten gerinnen. Den Bruch schneidet man maiskorngroß, lässt ihn kurz abtropfen und füllt ihn in runde bis rechteckige Formen oder, wenn der Schiz hausgemacht wird, in ein Abtropfsieb. Der Käse wird möglichst sofort verzehrt. Er duftet nach Milch und wird zum Verzehr gesalzen, da er sonst recht fade schmeckt.

Lab: Kalbslab in flüssiger Form oder als Pulver
Teig: weich, leicht körnig, molkig und weiß
Aussehen: flache Ober- und Unterseite
Dicke/Gewicht: unterschiedlich / 1–2 kg
Ursprungsgebiet: die Provinz Belluno, insbesondere die Gegend um Agordo

Verzeichnis der Käsesorten

Dank

Wir danken folgenden Betrieben und Einrichtungen, die uns ihre Käse freundlicherweise zur Verfügung gestellt haben:

Abruzzen und Molise
Esperya, Loreto (An)
Taberna Imperiale, Silvi Marina (Te)

Aostatal
Assessorato Agricoltura e Risorse Naturali direzione Assistenza Tecnica, Quart (Ao)

Apulien
Caseificio Tarantino, Gravina (Ba)
Taberna Imperiale, Silvi Marina (Te)

Basilikata
Anfosc, Bella (Pz)
Istituto Sperimentale per la Zootecnia, Bella (Pz)

Emilia-Romagna
Amerigo dal 1934, Savigno (Bo)

Friaul – Julisch Venetien
Malga Rio Secco di Maria Carmen Buzzi Spironelli, Pontebba (Ud)
Latterie Friulane, Campoformido (Ud)

Kalabrien
Agenzia Regionale per lo Sviluppo e i Servizi in Agricoltura, Cosenza

Kampanien
Antonello Di Masi, Albanella (Sa)
La Baronia, Pontelatone (Cs)
Madaio, Eboli (Sa)

Latium
Cooperativa Produttori Cisterna Cisterna di Latina (Lt)
La Tradizione, Roma
Pane e Vino, Frosinone

Ligurien
Cooperativa Casearia Val di Vara Varese Ligure (Sp)
La Bottega di Angela Maria Molini di Triora (Im)

Lombardei
Consorzio di Tutela Bitto e Valtellina casera, Sondrio
Ganassa, Ballabio (Lc)
Guffanti, Arona (No)
Ol Formager, Bergamo

Marken
Caseificio La Ripa, Orciano di Pesaro (Ps)
Esperya, Loreto (An)

Piemont
Agrinatura Occelli, Farigliano (Cn)
Arbiora, Cessole (At)
Casa del Formaggio, Saluzzo (Cn)
Il Cornale, Magliano Alfieri, (Cn)
Cedis, Bra (Cn)
Giolito Formaggi, Bra (Cn)
Guffanti, Arona (No)
Stagionatura Valcasotto, Pamparato (Cn)

Sardinien
Bonu Formaggi, Cagliari
Cisalpino, Savigliano (Cn)
Ente Regionale di Sviluppo e Assistenza Tecnica in Agricoltura, Cagliari
I Sapori della Tradizione, Cagliari

Sizilien
Assessorato Regionale Agricoltura e Foreste Sezione Operativa N. 8 San'Agata di Militello (Me)
Assessorato Regionale Agricoltura e Foreste Sezione Operativa N. 29 Palazzolo Acreide (Sr)
Assessorato Regionale Agricoltura e Foreste Sezione Operativa N. 59, Mezzojuso (Pa)
Consorzio di Ricerca Filiera Lattiero-Casearia, Ragusa
Taberna Imperiale, Silvi Marina (Te)

Toskana
Il Forteto, Vicchio di Mugello (Fi)
San Polo, Pienza (Si)
Vecchio Mulino Castelnuovo Garfagnana (Lu)
Zummo Formaggi, Pistoia

Trentino – Südtirol
Consorzio Trentingrana-Concast, Trento
Taberna Imperiale, Silvi Marina (Te)

Umbrien
Il Bacco Felice, Foligno (Pg)

Venetien
Caseificio Roncolato, Roncà (Vr)
La Casearia di Carpenedo, Povegliano (Tv)